Roberto Müller Filho *Intuição, Política e Jornalismo*

MARIA HELENA TACHINARDI

Roberto Müller Filho
Intuição, Política e Jornalismo

imprensaoficial

SUMÁRIO

Apresentação......7

Prefácio – Matías M. Molina 9

1. Formação política e militância no PCB 15
2. Da militância de esquerda ao jornalismo, intercalando
   passagens pelo governo 47
3. Histórias no principal jornal econômico do Brasil 67
4. A *Gazeta Mercantil* na TV: Crítica & Autocrítica 129
5. Com Funaro em Brasília. Plano Cruzado, moratória 139
6. Crise na *Gazeta Mercantil*. Uma volta conturbada 171
7. O futuro da imprensa 187

Cronologia *193*
Créditos das imagens 195
Índice onomástico 197

Apresentação

Recebi o convite da Imprensa Oficial do Estado de São Paulo para escrever sobre a vida do jornalista Roberto Müller Filho como uma oportunidade de contar aos que se interessam pela história da imprensa brasileira o passo a passo da construção de um ícone do jornalismo econômico, a *Gazeta Mercantil*.

Reconhecidamente, Müller foi o criador do modelo que deu credibilidade e prestígio ao jornal, cuja história se entrelaça com boa parte da vida dele e da minha também.

Comecei a trabalhar na Redação da rua Major Quedinho em 7 de abril de 1980, seis anos depois de estabelecidas as diretrizes que deram novo rumo ao jornal e quando a *Gazeta* já era identificada como um dos sete melhores jornais de economia do mundo, de acordo com pesquisa da revista norte-americana *Fortune*.

Integrei a equipe por 24 anos. De repórter das editorias de Internacional e de Agropecuária, passei a editora de Energia. Durante 11 anos, de 1985 a 1996, fui correspondente

MARIA HELENA TACHINARDI

em Brasília, onde cobri diplomacia, política externa e comércio internacional. Trabalhei como correspondente em Washington (Estados Unidos) de agosto de 1996 a dezembro de 1998, quando voltei a São Paulo para escrever reportagens sobre negócios no Mercosul. Fui editora da *Gazeta Mercantil Latino-Americana,* da *International Weekly Edition* e da seção Internacional da *Gazeta Mercantil.*

Dessas duas décadas ininterruptas no jornal, registro pelo menos três impressões marcantes: o convívio agradável e respeitoso entre os colegas, o que fez da *Gazeta* um dos melhores lugares da imprensa brasileira para se exercer a profissão, a observância das regras do bom jornalismo e a credibilidade que desfrutamos junto a fontes e leitores. O "projeto" *Gazeta Mercantil* sintetiza os ideais e as crenças de Müller, cultivados na Ribeirão Preto da sua juventude e amadurecidos entre a militância comunista na Baixada Santista e a sua estreia no jornalismo, na *Folha de S.Paulo,* pelas mãos do mestre Cláudio Abramo.

Müller contou sua história em dois longos encontros em 2008 e 2009, em São Paulo, na companhia do jornalista e advogado Antonio de Gouveia Júnior, que também contribuiu para o sucesso do jornal e nos ajudou a rememorar os fatos.

Esta reportagem é um reencontro com a história do Brasil em quase cinco décadas e uma forma de celebrar os bons momentos que marcaram a trajetória da *Gazeta Mercantil* enquanto perdurou seu projeto inicial.

MARIA HELENA TACHINARDI

Prefácio

Quando em 1974 Roberto Müller Filho recebeu um convite para editar a *Gazeta Mercantil*, o desafio era fazer um jornal independente, influente e rentável. Fez muito mais do que isso. Transformou a *Gazeta* em uma das publicações mais importantes do Brasil, referência nas áreas de economia, negócios, política, diplomacia e da academia, no primeiro jornal com circulação nacional. Era a primeira vez na imprensa brasileira que uma publicação especializada – e que pela sua natureza deveria ter apenas um apelo limitado – rivalizava com os grandes jornais em influência e credibilidade.

Seu prestígio chegou rapidamente ao exterior. Entidades como o Departamento de Estado, o Fundo Monetário Internacional e o Banco Mundial recebiam de manhã cedo, então por telex, as principais informações e análises do jornal. Em 1976, apenas dois anos depois do início da nova etapa, o autor destas linhas, que a convite de Müller era correspondente em Londres, ficou surpreso com a facilidade para marcar entrevistas, não apenas na *city* como no continente europeu: as divisões internacionais dos principais bancos e empresas conheciam e respeitavam o jornal.

Müller reunia a experiência profissional necessária para enfrentar o desafio. Tinha sido repórter de economia em várias publicações, editor de economia da *Folha de S.Paulo* e o primeiro editor de uma revista quinzenal de negócios, *Expansão*, a principal concorrente de *Exame*, feita com poucos recursos e bons resultados. Talvez tão importante, ele construíra uma ampla rede de contatos e fontes no mundo dos negócios, tinha um projeto para o jornal na cabeça, sabia escolher e motivar pessoas e contava com o apoio da empresa.

Os princípios básicos sobre os quais Müller se apoiou para fazer o novo jornal são mais fáceis de enunciar que de cumprir: obsessão pela precisão; preocupação em ouvir todos os lados de uma questão e em colocar a informação de maneira isenta; nada publicar sem tentar ouvir a pessoa objeto da notícia. Era um jornal sóbrio na aparência gráfica e no texto; prudente e seguro de suas informações. De certa maneira, o jornal refletia a personalidade de seu editor-chefe, uma pessoa cuidadosa que procura não dar um passo sem conhecer bem o caminho e saber onde este termina. Ele gosta de amarrar tudo bem amarrado, sem nenhum cabo solto. Müller também percebeu a necessidade de fazer um jornal diferenciado segmentando a cobertura, que tinha as vantagens de atrair diariamente o leitor dessa área e especializar os jornalistas.

INTUIÇÃO, POLÍTICA E JORNALISMO

Ele deu atenção especial à Redação, a alma do jornal. Um bom ambiente de trabalho era necessário para o sucesso do modelo. Havia o respeito pela hierarquia e afabilidade no trato mútuo. Foi sua grande preocupação manter na Redação o que ele chamava de "estética das relações." Os elogios deviam ser dados em público, as reprimendas em privado; em lugar de competição, colaboração para aprofundar uma reportagem; gritar na Redação era algo chocante, assim como não estar adequadamente vestido: houve repórter que voltou para casa por exagerar no minimalismo da minissaia. Via sua função como a do jardineiro que cuida de arejar e adubar a terra e de remover as pedras e as ervas daninhas para que as boas sementes possam germinar e que as plantas já crescidas se desenvolvam com mais facilidade. Quem passou por lá ainda lembra do "ambiente da *Gazeta*." Trabalhava-se muito, mas no fim do dia, o jornalista ia cansado para casa, mas nunca envergonhado pelo que fez.

Quando foi nomeado chefe de gabinete do Ministério da Fazenda, Müller foi tão rigoroso em sua nova função como tinha sido no jornal. Isso significou não apenas que os jornalistas da *Gazeta* não tiveram nenhum privilégio de acesso como que foram tratados com maior rigor que os dos outros veículos, para evitar qualquer acusação de favoritismo. Apesar disso, a *Gazeta* publicou um bom número de "furos" – informações exclusivas – que contrariavam a Fazenda, obtidos com outras fontes, como aconteceu antes e depois. Um deles foi sobre o baixíssimo nível das reservas externas, de enorme repercussão no

Brasil e no exterior. Erroneamente, Müller era apontado com frequência de ser a fonte.

Neste livro há constantes referências à passada militância política de Müller e à sua influência no modelo do jornal e na escolha da Redação dos primeiros anos da nova etapa da *Gazeta*. São corretas. Eu acrescentaria que o que levou Müller a militar no Partido Comunista foi possivelmente não tanto a doutrina marxista – embora fosse leitor de Marx – como o espírito nacionalista e uma reação contra a injustiça social e a desigualdade, que reflete sua constante preocupação com as pessoas. Nisso ele seguiu o mentor político de sua adolescência, Luciano Lepera. Seu mestre, depois amigo, no ofício do jornalismo foi Cláudio Abramo, como ele um homem de esquerda que também consolidou um jornal conservador, *O Estado de S. Paulo*.

A respeito da contratação de pessoas de esquerda, quando eram perseguidas e não tinham emprego, é oportuno observar que eram bons profissionais e prestaram bons serviços ao jornal. Ninguém ficou encostado. Müller conseguiu arregimentar e aglutinar pessoas das mais diversas tendências, escolhidas pela competência e pelo caráter. Na hora de escrever, a ideologia ficava de lado. Dizia que se o doutor Herbert Levy, deputado federal pela Arena e dono do jornal, nunca usava o noticiário da *Gazeta* como instrumento de sua carreira política, nenhum jornalista deveria promover suas ideias nas reportagens. Para isso estavam as páginas de opinião.

O jornal se impôs rapidamente. Os leitores confiavam nele. Falavam na *Gazeta* e nos "outros jornais." Müller, o

INTUIÇÃO, POLÍTICA E JORNALISMO

antigo militante político, fez o principal órgão da burguesia nacional; o "jornal mural da elite dirigente." Ele intuiu que para uma burguesia que dizia ter mais de quatrocentos anos era necessário fazer um jornal austero, com cara de mais de um século atrás dele.

Assegurados a qualidade e o êxito editorial, Müller assumiu a área comercial. A *Gazeta* era procurada por leitores e anunciantes. A receita cresceu exponencialmente. Mas as despesas, com frequência, cresciam ainda mais depressa. A empresa devorava recursos numa expansão em áreas que nunca deram o menor retorno. Na época dizia-se que a *Gazeta Mercantil* era um jornal à procura de uma empresa.

As relações de Müller com os acionistas eram cordiais, mas nem sempre fáceis. É pouco comum no mundo dos negócios o empregado aconselhar o patrão a reduzir os gastos. No fim, ele teve que sair. Sua prudência incomodava. Anos depois foi chamado de volta, quando as condições da empresa eram muito piores do que pareciam. Em 2003, a saída definitiva, depois de um longo período sem receber os vencimentos.

Abriu e ganhou processos na justiça e dele nasceu a ideia de formar uma associação dos empregados do jornal, que também venceu várias ações. Mas nem por isso Müller passou a falar mal dos donos da empresa. Pelo contrário, em depoimento para o livro *Eles mudaram a imprensa*, da Fundação Getúlio Vargas, Müller seguiu os princípios de isenção que tinha pregado no jornal e os elogiou onde achava que tinham mérito.

Disse: "em nenhum momento, na *Gazeta*, eu tive que fazer alguma coisa que me ofendesse, atender a um pedido indecoroso, nada. O mérito disso é integralmente da família Levy, especialmente do Luiz Fernando e do pai." A respeito da impressão simultânea do jornal, sugerida por Müller: "De novo é preciso reconhecer a visão de futuro do Luiz Fernando e do pai." Ele menciona a "possibilidade que o dr. Herbert e seu filho me deram de contratar os melhores jornalistas, os comunistas que estavam à margem da profissão." E ainda: "Em nenhum momento o doutor Herbert e o Luiz Fernando leram uma informação senão sob a forma impressa, já na banca. A contrapartida disso (...) era a isenção."

Müller ocupou diversos cargos públicos. Entre eles os de assessor das secretarias do Planejamento e da Fazenda de São Paulo, chefe de gabinete do Ministério da Fazenda, secretário de Ciência e Tecnologia do Estado de São Paulo. Quando um conhecido empresário foi ao pequeno e austero apartamento onde Müller mora, que nem sequer é dele, manifestou surpresa: "Você foi chefe de gabinete da Fazenda e mora assim?" Estranhou, implicitamente, que não tivesse se aproveitado do cargo. Mas como os jornalistas da *Gazeta* de seu tempo, Müller voltava à noite para casa cansado, mas satisfeito do trabalho que fez. E das coisas que não fez.

MATÍAS M. MOLINA

Diretor da CDN Análise e Tendências

Diretor editorial, editor-chefe e correspondente da *Gazeta Mercantil* em Londres

CAPÍTULO 1

Formação política e militância no PCB

Abril de 1964. Santos, chamada na época de "porto vermelho" e "Moscou brasileira", vivia momentos sombrios e de sobressalto dias depois do golpe militar. O navio *Raul Soares*, transatlântico construído pela empresa alemã Hamburg-Süd em 1900, que transportara imigrantes da Europa para a América do Sul e, em 1925, fora comprado pelo Lloyd Brasileiro, emergiu novamente na cena para dramatizar outro enredo.

O navio, que durante a Segunda Guerra Mundial levou pracinhas da Força Expedicionária Brasileira – FEB – para a Europa e os trouxe de volta ao Brasil, foi assentado pela Marinha em um banco de areia perto da Ilha Barnabé. Lá, de abril a outubro de 1964, funcionou o humilhante presídio da ditadura, por onde passaram sargentos do Exército, sindicalistas, jornaleiros, trabalhadores portuários, médicos, professores, advogados. Eram os que, segundo os militares, conspiravam contra o governo – comunistas, subversivos.

O navio Raul Soares.

INTUIÇÃO, POLÍTICA E JORNALISMO

"Levaram-me para o escritório da Cosipa, em Santos, e de lá, às 6 horas da tarde, escoltado por dois fuzileiros navais, fui até o porto, onde me puseram num barco que seguiu até o navio."

O jornalista Roberto Müller Filho, natural de Ribeirão Preto, químico e funcionário da Companhia Siderúrgica Paulista – Cosipa – em Cubatão, tinha 23 anos quando foi preso no *Raul Soares*. Era quadro do Partido Comunista na Baixada Santista. Fora "ligado" por meio do conterrâneo Luciano Lepera, jornalista, eleito em 1958 deputado estadual pela legenda do Partido Trabalhista Brasileiro – PTB –, quando o Partido Comunista Brasileiro – PCB – estava na ilegalidade, situação que perdurou de 1947 a 1985, embora os comunistas conseguissem atuar abertamente no período, numa espécie de semilegalidade.

Müller chegara como estagiário à Cosipa em 1962, aos 21 anos, com bolsa para fazer um curso do qual sairia como assistente técnico. Conseguiu o estágio por indicação do deputado Rogê Ferreira, do Partido Socialista Brasileiro – PSB –, a Caetano Álvares, diretor-superintendente da usina.

Com cerca de dez mil funcionários, a Cosipa ainda estava em construção. Ali, naquele canteiro de obras, Müller recrutou engenheiros para a militância. Em pouco tempo, assumiu responsabilidades importantes no Partido: pertenceu ao Comitê de Empresa, ao Comitê Municipal de Cubatão e assessorou o Comitê de Zona da Baixada Santista.

Na siderúrgica, trabalhou como assistente técnico na área de laminação e depois na unidade metalúrgica. Como militante, dava aula de Ciências aos operários, à noite. O Partido era clandestino, mas tinha uma sede no centro de Santos, onde era editado o jornal *Novos Rumos*, uma empresa jornalística legal que dava cobertura às demais atividades políticas realizadas naquele endereço.

Certo dia, Müller teve um diálogo emblemático com um velho comunista do sindicato dos portuários, "que foi torturadíssimo" anos depois. Sabia tudo sobre Lênin e marxismo, era assistente da direção estadual do Partido e da direção do Comitê de Zona.

– De onde o companheiro veio? De que família?

– Vim de Ribeirão Preto. Sou filho de comerciante.

– Ah! Da pequena burguesia. Quem "ligou" o companheiro?

– Foi o Lepera, em Ribeirão Preto, e o Vitor Galati, na Baixada Santista.

– Nosso Partido gosta muito da ajuda, da militância dos filhos da pequena burguesia e da burguesia. Eles produzem nossos intelectuais, porque não temos recursos para fazê-lo. Mas a classe operária não tem pressa. A pequena burguesia é quem tem pressa, porque confunde a história com a sua biografia. Então, quer que tudo aconteça em vida para fazer parte da biografia.

Por fim, deu um conselho a Müller:

– O companheiro está branquelo. Vá para a praia, vá namorar.

Não ter pressa de querer mudar a história, entender a correlação de forças, fazer alianças com a burguesia nacional, priorizar a industrialização. Foi uma visão essencial

INTUIÇÃO, POLÍTICA E JORNALISMO

do Partidão transmitida a Roberto Müller, que o marcou para sempre em sua trajetória como protagonista em várias revoluções do jornalismo brasileiro, principalmente na *Gazeta Mercantil*, um projeto que assumiu com ele, em 1974, um caráter "nacionalista e democrático."

"A questão do desenvolvimentismo tem muito a ver com a *Gazeta Mercantil*. Foi um jornal que mostrou a indústria crescendo, que trouxe a burguesia para a cena, revelou líderes empresariais, produziu documentos que interferiram na democratização do país. Teve um lado político importante de combate à ditadura", diz Müller.

Depois de aproximadamente pouco mais de um mês nos porões do *Raul Soares*, onde os horrores da prisão incluíam colônias de cupins entrando pelo nariz durante o sono, e depois de ter se recusado a assinar uma confissão falsa, Müller foi prestar depoimento em dependências do Exército, em Santos.

Naquele dia, a formação em Ribeirão Preto, que o fez um nacionalista e democrata fervoroso, o ajudou – e muito – a se defender no inquérito. Müller soube, no navio, que estavam tentando vender as ações da Cosipa para a United States Steel. No seu depoimento, além de protestar contra a prisão arbitrária e a demissão dos trabalhadores, disse ao coronel Rodrigues Alves, que o interrogava: "O senhor diga ao general que virou presidente da Cosipa que eu quero hipotecar a ele minha solidariedade, porque sei que se opôs à venda das ações da empresa. Também sou contra a venda porque a Cosipa é patrimônio do povo brasileiro."

O coronel era nacionalista e abraçou Müller no meio do depoimento. "Pode ir embora", disse.

"Eu não entendi que estava sendo solto e voltei para o navio. Havia, porém, uma coisa estranha: não fecharam a porta do camarote. Chegou um policial marítimo e disse: 'Vamos embora, você está solto'. Eu, solto? Fui solto porque o coronel era nacionalista. Quando ele viu que eu também era nacionalista e tinha tido coragem de criticar o golpe, além de hipotecar minha solidariedade, me abraçou. Com a mesma arbitrariedade com que me prenderam, me soltaram. Foram duas graves arbitrariedades – a prisão e a soltura. Esta aconteceu por causa do meu nacionalismo e patriotismo."

EM RIBEIRÃO PRETO, A FORMAÇÃO DE UM PATRIOTA

Santos e Ribeirão Preto tiveram um papel determinante na formação da personalidade, no caráter, nos valores e nas convicções políticas e ideológicas de Müller, que nasceu em 12 de outubro de 1941 e cresceu em um ambiente de fortes influências anarcossindicalistas e agnósticas, do lado paterno, e católicas, da parte materna. Seu avô Franz Müller, nascido na Hungria, no fim do século XIX, época do Império Austro-Húngaro, falava vários idiomas, era um homem culto e autodidata. Artesão, ourives e joalheiro, com especialização em óptica, tinha uma relojoaria em Ribeirão Preto, da qual por muito tempo viveu toda a família.

Embora fosse anticlerical, Franz levava os filhos à igreja para ouvir música sacra. Morreu cedo, e a esposa, uma

José Monteiro, avô materno de Müller.

Roberto Müller e Antonieta Monteiro Müller, os pais.

INTUIÇÃO, POLÍTICA E JORNALISMO

italiana muito católica, uma semana depois da sua morte batizou os filhos. O avô materno de Roberto Müller, José Monteiro, era primo do escritor Monteiro Lobato, segundo a crônica da família. Sua mãe chamava-se Antonieta Monteiro Müller.

A família de Franz Müller e tantas outras de italianos, portugueses, espanhóis e austríacos, que chegaram em Ribeirão Preto no século XIX, contribuíram para a formação cultural e econômica da região, um polo agroindustrial pujante do interior paulista, onde predominava o cultivo do café e da cana-de-açúcar.

A cidade também era um dos principais centros educacionais do estado, com a primeira Faculdade de Medicina fora do *campus* da Universidade de São Paulo – USP, a Faculdade de Odontologia e a Escola de Enfermagem.

Müller é da geração que se beneficiou da excelência da escola pública, cujo auge ocorreu na passagem da década de 1940 para a de 1950, fruto da reforma educacional do Varguismo conduzida pelo ministro da Educação e Cultura, Gustavo Capanema.

No Ginásio Estadual de Ribeirão, foi aluno de Português da professora Luci Musa Julião, que o iniciou no mundo prazeroso da redação e da leitura. Aos 17 anos, leu, entre outros autores, Machado de Assis, Dostoiévski, Thomas Mann e Balzac. Na época, os alunos participavam do Parlamento Estudantil, onde discutiam política e literatura.

Müller foi diretor do grêmio do ginásio, que se chamava Centro Nacionalista Olavo Bilac.

Ao lado da professora de Português Luci Musa Julião, quando era presidente do Clube de Português, no Ginásio Estadual de Ribeirão Preto.

INTUIÇÃO, POLÍTICA E JORNALISMO

"Sou um pouco filho das ideias positivistas, me influenciou o nacionalismo de Olavo Bilac. Isso tem a ver com a ideia-força que estava por trás do meu patriotismo. Eu sempre falei muito de espírito público, empresa jornalística de fé pública. Nos jornais onde trabalhei tinha essa mania de espírito público, até hoje."

As convicções políticas de Müller têm origem na família. O avô Franz é uma figura forte em sua vida. "Embora não tenha chegado a conviver com ele, recebi sua influência hereditária." Era anarcossindicalista no início do século XX. Consta que Edgar Leuenroth, o grande líder anarquista da greve de 1917, que juntamente com Astrojildo Pereira parou São Paulo, conhecia Franz Müller.

"Tive o privilégio de conhecer Aristides Lobo na *Folha de S.Paulo*, e ele me disse que já tinha ouvido falar do meu avô, que era famoso como anarquista."

Aristides Lobo, jornalista revolucionário, nos anos 1930 foi expulso do PCB por pertencer à corrente liderada internacionalmente por Leon Trotsky.

O mundo político de Müller juntava, na tenra juventude, ideias anarcossindicalistas, patrióticas, nacionalistas e da esquerda católica. A rebeldia e o agnosticismo do avô e do tio Nelson foram marcas fortes na sua formação, porém, temperadas com o catolicismo da mãe.

"Entrei no Partido Comunista antes, quando já era ilegal, baseado na mesma ideia que me havia levado à Ação Católica, a ideia da solidariedade, da revolta contra a exploração e as injustiças, a ideia de defender o Brasil, de patriotismo. Essa convicção nacionalista e democrática está em mim até hoje."

Certo dia, em 2006 ou 2007, Müller teve o seguinte diálogo com Plínio de Arruda Sampaio, intelectual e ex-quadro do Partido dos Trabalhadores – PT – atualmente filiado ao Partido Socialismo e Liberdade – PSOL:

– Você foi comunista?, perguntou Plínio.

– Fui.

– Foi católico também?

– Fui da Ação Católica.

– E por que saiu?

Antes mesmo da explicação, ouviu:

– Já sei. Os padres não deram respostas para as suas angústias.

"E foi o que aconteceu, porque uma das minhas angústias era querer namorar, como todos os jovens, mas tudo naquele tempo era pecado. Além disso, cresci com meu tio Nelson dizendo que Deus não existia."

Nos anos 1950 e 1960, Ribeirão Preto era um microcosmo. Reproduzia tudo o que acontecia no país em matéria de política, principalmente em relação às ideias de esquerda. O Partido Comunista Brasileiro na cidade era o terceiro maior no estado, só perdendo para o de São Paulo e o de Santos. Antes do golpe de 1964, surgiram na cidade várias lideranças políticas, sindicais e principalmente estudantis.

A grande influência na formação política de Müller foi o jornalista Luciano Lepera, que conquistou para as suas ideias toda uma geração de jovens de Ribeirão, entre eles o médico sanitarista Sérgio Arouca, que também se filiou ao Partido, foi deputado federal e se candidatou a vice na

Formatura de Müller no Instituto de Educação Otoniel Mota, Ribeirão Preto.

Formatura de Müller no Instituto de Educação Otoniel Mota, Ribeirão Preto.

INTUIÇÃO, POLÍTICA E JORNALISMO

chapa de Roberto Freire, do Partido Popular Socialista – PPS –, nas eleições presidenciais de 1989.

Lepera, nascido em 1923, liderou na cidade a campanha "O petróleo é nosso." Ele agitava as discussões da esquerda, em geral numa lanchonete conhecida como "Senadinho", frequentada à noite por intelectuais e vereadores, em frente à cafeteria A Única, no centro de Ribeirão.

"Era um grande orador. Quando os fazendeiros bateram nele, em Penápolis, estava lá, lutando pelos trabalhadores rurais. Um dia, em empolgante comício na praça central de Ribeirão, disse que queria agradecer a solidariedade que recebeu diante da agressão que sofreu, agressão contra o povo. E perguntava: 'Quem foi Cristo?' O povo gritava e aplaudia. 'Cristo foi um comunista'. E começou a falar de Cristo. Foi um discurso maravilhoso", recorda Müller.

Outro assíduo frequentador do "Senadinho" e contemporâneo de Müller era o comunista e deputado federal Marcelo Gato, eleito pelo Movimento Democrático Brasileiro – MDB – em 1974. Naquele ponto de encontro ouvia-se a Radio Havana Cuba, "territorio libre de America." Rádio de ondas curtas, a PRA 7 Rádio Clube de Ribeirão Preto fazia parte do dia a dia dos comunistas naquela época.

Marcelo Gato é da geração de Müller. Nascido em Sertãozinho, de origem muito simples, trabalhava em uma emissora de rádio na cidade e foi estudar Química Industrial em Ribeirão Preto, em 1959. Para se manter, conseguiu emprego na PRA 7, onde começou como radioator.

Conheceu Müller na escola de Química. Ambos são de 1941, um de outubro, o outro de janeiro. "Já na época, Müller tinha vocação para jornal e rádio. Eu me dediquei mais ao departamento de esporte da PRA 7, pois o futebol era muito importante na cidade, com dois times na primeira divisão, o Botafogo e o Comercial. Müller acabou indo para o departamento de jornalismo, que produzia dois grandes programas, Rotativa Sonora, por volta do meiodia, e Apito e Bola, em seguida. Rotativa era o principal programa do jornalismo, com entrevistas e notícias, e Müller entrou fazendo reportagem geral. Logo depois, se concentrou na área de reportagem política.

A PRA 7 era uma emissora muito potente, tinha ondas curtas, médias e longas. O mundo inteiro podia sintonizála. O fundador e dono era José da Silva Bueno. Montada na década de 1920, era uma das sete primeiras do país."

Foi Marcelo quem levou Müller à PRA 7. Em Ribeirão, Müller trabalhou também no *Diário de Notícias*, onde criou a coluna Nomes & Notas, que passou a ser a sua marca registrada. Em várias publicações que dirigiu, como a *Gazeta Mercantil*, incluiu a seção. Müller participava do Rotativa Sonora, que levava para a cidade importantes nomes da cultura brasileira, e depois entrava com uma reportagem. No intervalo, a Ação Católica tinha um programa.

Reportagens políticas e entrevistas com os principais atores da esquerda, em Ribeirão, era tudo o que dava prazer a Roberto Müller, que gostava de "fazer política no rádio", não se interessando por fatos corriqueiros da

Nos tempos de radialista, transmitindo um programa com Marcelo Gato.

cidade. O jornalismo político era uma modalidade em forte evidência. Tanto, que havia em Ribeirão uma associação dos cronistas parlamentares à qual eram filiados os radialistas e jornalistas que cobriam as atividades da Câmara de Vereadores.

"Eu queria falar do Lepera, da Câmara de Vereadores. A vida política era intensa. No ginásio estadual havia briga para ganhar qualquer eleição, havia conchavo, negociação... Isso tudo foi formando minha consciência política de nacionalista e democrata. Fiquei na PRA 7 até a renúncia do Jânio e a luta pela posse do João Goulart, em 1961. Num gesto impensado, participei da decisão de colocar a rádio na cadeia da legalidade, que o Leonel Brizola inventou no Rio Grande do Sul para garantir a posse do Goulart. Colocávamos músicas que tocavam lá, como a marcha 'Paris Belfort'. Levávamos para falar vereadores, deputados de esquerda, advogados. O dono da rádio, 'seu' Bueno, maçom e socialista, permitiu tudo. A PRA 7 depois passou por dificuldades, perdeu todos os anúncios e foi vendida para um grupo religioso."

Na rádio, trabalhou pouco mais de dois anos. Quando foi para a Cosipa, "seu" Bueno pagou-lhe uma indenização. Filho de pai conservador, que doou ouro para o bem do Brasil[1], como a maioria dos comerciantes da cidade,

---

1. A campanha "Dê ouro para o bem do Brasil" foi lançada em 1964 pelos Diários Associados, no primeiro governo militar do marechal Humberto de Alencar Castelo Branco. Apelando para o patriotismo, a TV Tupi e dezenas de órgãos de comunicação da rede comandada por Assis Chateaubriand conseguiram a arrecadação de milhões de peças de ouro que famílias inteiras doaram e receberam em troca anéis de metal com a inscrição "Dei ouro para o bem do Brasil."

No canteiro de obras da Companhia Siderúrgica Paulista – Cosipa.

Müller contrariou a família ao trabalhar na PRA 7. Ser radialista ou "artista de rádio", como dizia o pai, era uma coisa mal vista.

"Mas, quando ele soube que eu estava preso e das arbitrariedades que o governo cometia, ficou um ardoroso e inconveniente opositor ao golpe. Meu pai, que era relojoeiro e joalheiro, tinha uma loja, A Hora Certa, herdada do meu avô por ele e seus irmãos."

O encontro de Müller com o jornalismo se dava na alta esfera da política, na admiração por Luciano Lepera, no mundo das ideias socialistas e nacionalistas que dominavam o seu pensamento na hora das reportagens para a rádio e para o *Diário de Notícias*, que na época era dirigido pela Igreja Católica.

Por que, então, fez jornalismo econômico e não político?

Müller gostava de fazer política e viu no jornalismo da rádio oportunidade para uma forma de militância. Ser jornalista profissional não estava no sangue, tanto que o diretor de jornalismo da PRA 7, Wilson Roveri, queria que ele saísse à rua para entrevistar o povo, não apenas os intelectuais e os políticos. Mas isso não lhe passava pela cabeça.

"Eu não tinha cacoete para isso. Minha cobertura de esporte, por exemplo, além de pequena, foi ridícula. Uma vez, fui participar da transmissão do jogo do Botafogo em Franca, e eu não sabia narrar escanteio. Não dei para repórter esportivo e nem para cobrir cenas do cotidiano."

Na verdade, o jornalismo entrou na vida de Müller porque ele não conseguiu exercer a profissão de químico após ter sido preso. Os empregos se fecharam para ele. Desde menino, planejara fazer carreira como advogado. Ainda menor de idade, conseguia entrar no tribunal para assistir às sessões do júri. Mais tarde, esse sonho deu lugar à militância comunista, causa a que se dedicou até ser preso na Baixada Santista.

Müller tem dois filhos advogados: Carlo Frederico, especialista em Direito Civil e Contencioso, e Ilana, criminalista. Karen, a mais velha, é médica pediatra. Todos de seu primeiro casamento com a jornalista Tânia Müller. Tem também um enteado, Eduardo, cineasta, filho de sua segunda mulher, Claudia Izique, com Walter Clemente, ambos jornalistas. Atualmente, Müller está casado com Christine Salomão, também jornalista.

Em Ribeirão, Müller tinha uma namorada e ia se casar com ela, mas a mãe o advertiu: se estudasse Direito "empataria" a moça, pois o curso de oito anos atrasaria o casamento. Desviou-se dessa rota para fazer um curso de nível médio – Química Industrial – e logo ter uma profissão.

"Eu não queria ser jornalista. Queria ser dirigente comunista. E foi na Cosipa que eu militei mesmo."

Müller sempre gostou de fazer articulações para chapas de unidade, como quando ganhou uma eleição para a presidência do grêmio da escola de Química contra Marcelo Gato, que participava do grupo concorrente. No dia seguinte à eleição, substituiu metade da sua chapa pelos líderes da corrente perdedora, que passaram a integrar a diretoria. "Foi uma coisa admirável. Fazer articulação para a unidade, juntar adversários", orgulha-se.

"Müller sempre escreveu bem. Era bom orador. Se não lhe tivesse acontecido o incidente da prisão, certamente teria feito Direito. Quando a política está no sangue, a afinidade maior é com o Direito", diz Marcelo Gato, que se formou pela Faculdade Católica de Direito de Santos.

"Müller é um animal político por excelência, com a lógica do poder. Tem habilidade para operar o poder. É como ter nascido com o ouvido afinado para a música", define o jornalista e advogado Antonio de Gouveia Júnior, que em 1974 integrou a equipe de Müller na *Gazeta Mercantil*, onde foi secretário adjunto de redação e editor de Legislação. Gouveia trabalhou no jornal de 1974, meses depois de Müller ter assumido a direção, até 1983, em São Paulo e Brasília. Voltou a trabalhar na *Gazeta Mercantil* entre 1988 e 1990, na sucursal de Campinas. Também esteve com Müller no gabinete do ministro da Fazenda, Dilson Funaro.

"Ele tem a visão do atacado e não do varejo, a capacidade de pegar os grandes eixos, as grandes linhas de força e de ter a compreensão delas. De uma tal forma, que acaba não tendo paciência para tratar do detalhamento. Isso decorre da visão do atacado que ele tem. Não conheço um indivíduo com esse grau de textura política do Müller", afirma Gouveia.

Marcelo Gato também detecta na personalidade do amigo características de liderança, "o que é uma coisa política. Müller ocupou cargos no jornalismo com muita competência, seriedade e responsabilidade. Quando assumiu a *Gazeta Mercantil*, o jornal não tinha expressão, e ele o transformou. Acompanhei de perto esse processo porque, já cassado pela ditadura, era advogado sindical em São Paulo. Depois do fechamento da edição sempre saíamos para jantar e conversar."

Marcelo Gato tomou posse em 1975 e cumpriu o mandato até o final do ano, quando foi cassado pelo Ato Institucional n° 5 – AI-5 em janeiro de 1976. "Se Müller tivesse continuado na Cosipa, teríamos feito a mesma carreira sindical e política. Teríamos ido juntos para o Sindicato dos Metalúrgicos de Santos, onde ele teve uma bela militância. Teria seguido a carreira política por ali, porque para se lançar na política é preciso uma base eleitoral. Veja o que aconteceu comigo: fui eleito presidente do Sindicato dos Metalúrgicos em Santos, em 1968 e, em 1972, fui candidato a vereador na cidade. Fiz quase cinco mil votos. Fui o mais votado pelo MDB. Elegi-me deputado federal com 101 mil votos (isso, hoje, é equivalente a 380 mil votos) e renunciei à Câmara Municipal.

Müller teria tido toda facilidade para fazer uma carreira política. Ele só não fez política eleitoral por pura falta de oportunidade, mas foi chefe de gabinete, que é uma função política e muito difícil. Sempre foi bom articulador político. Como militante, era sério, 'caxias', amigo, companheiro, participativo, responsável e dono de muita garra naquilo que fazia. Sempre teve esse traço de trabalhar como articulador", descreve Marcelo Gato.

"Nas áreas sindical e política é preciso sempre haver articulação. Caso contrário, o processo emperra e as coisas não andam. O grupo não consegue atingir os objetivos que pretende", acrescenta.

"Müller é firme, defende as suas ideias, tem clareza do que quer, é radical no sentido de ir à raiz dos problemas, mas não na execução das coisas. Não abre mão do que pensa, mas tampouco impede que as coisas funcionem. Ao contrário, tentando articular, sempre supera as dificuldades do grupo naquele momento para cumprir os objetivos, as tarefas que devem ser cumpridas", diz Marcelo Gato.

"Ele irá se realizar no jornalismo, no plano da articulação de poder do sistema jornalístico, não da operacionalidade. Isso é inato, não veio de curso algum, não é de origem familiar, é individual, é do seu próprio temperamento", diz Gouveia.

Müller reconhece sua pouca aptidão para tratar de assuntos no varejo e sua inabilidade para trabalhos manuais.

"Por que na escola de Química eu cuidava de outras coisas? Porque eu não tinha habilidade alguma para as tarefas de Química Analítica, em geral feitas no laboratório. Eu quebrava a pipeta, a bureta, queimava a mão, entortava o tubo. Sou canhoto e fui obrigado a escrever com a direita."

"A *Gazeta Mercantil* foi um projeto de poder", destaca Gouveia. Müller prefere a definição "projeto nacionalista e democrático." "Era um projeto de jornal para o qual o Brasil estava preparado, pois já existia uma demanda

INTUIÇÃO, POLÍTICA E JORNALISMO

reprimida", comenta. "Eu queria criar um *bouquet* de *newsletters*, de editorias, que diferenciaria a *Gazeta Mercantil* dos grandes jornais gerais, que já tinham boas seções de economia, de uma das quais eu havia sido editor. Não era claro para mim, na época, que se tratava de um projeto nacionalista e democrático da indústria, dos empresários brasileiros. Não se tratava de ir contra os estrangeiros. Tratava-se da luta pela democracia. Tanto que o 'Documento dos Oito' foi um pouco escrito pelos empresários, pelo Belluzzo e pelo João Manuel." [2]

Ribeirão Preto tinha uma política efervescente na década de 1960 e também lideranças nos sindicatos dos gráficos e das cervejarias, movimento estudantil forte, graças às faculdades de Medicina e Odontologia da USP. A cidade era um verdadeiro microcosmo com todos os matizes políticos encontrados nas capitais dos estados: o movimento católico progressista, que deu origem à Ação Popular – AP –, o Partido Socialista e o movimento nacionalista, com o Centro Nacionalista Olavo Bilac, que era o grêmio do ginásio estadual e reunia militantes de diversos partidos e matizes, até alguns partidários da União Democrática Nacional – UDN. Nesse burburinho político-

2. Os economistas Luiz Gonzaga Belluzzo e João Manuel Cardoso de Mello tiveram papel destacado na elaboração do "Documento dos Empresários", conhecido como "Documento dos Oito", lançado em 1977 por oito membros do Fórum de Líderes da *Gazeta Mercantil*: Antônio Ermírio de Moraes, Cláudio Bardella, Laerte Setúbal, José Mindlin, Severo Gomes, Jorge Gerdau Johannpeter, Paulo Vellinho e Paulo Villares. No documento articulado por Müller, eles reivindicavam do regime militar a abertura econômica e política. Belluzzo era assessor técnico do Fórum de Líderes e com ele também estava o economista João Manuel.

ideológico forjou-se a consciência nacionalista e democrática que presidiu todos os projetos jornalísticos levados a cabo por Müller.

"Em Ribeirão Preto, estão presentes todos os elementos que definiram quem é Roberto Müller. Os componentes da esquerda católica, da família, do imigrante, do anarcossindicalismo. Müller não conheceu o avô, mas recebeu o tom rebelde e agnóstico dos tios Nelson e Aldo", comenta Gouveia.

Müller lembra que "na Associação dos Cronistas Parlamentares discutiam-se Cuba e outras questões internacionais. Havia o *Diário de Notícias*, que era da Igreja, o *Diário da Manhã*, da família Santana, *A Cidade*, a Rádio PRA 7, a ZYR 79, a Rádio Cultura... havia quatro rádios e cinco jornais."

Roberto Müller deixou Ribeirão Preto aos 21 anos e seguiu para Santos, outra cidade que pesou profundamente em sua trajetória de militante do PCB[3].

---

3   Marcelo Gato, filiado ao PCB, teve uma militância intensa na Baixada Santista e foi presidente do Dieese (Departamento Intersindical de Estatística e Estudos Socioeconômicos). Em depoimento a esse órgão descreve a cidade de Santos no início da década de 1960: "Antes do Golpe Militar de 64, Santos era chamada a 'Moscou brasileira', a 'cidade vermelha'. A tradição de luta sindical em Santos era uma coisa estupenda, fenomenal! Quando surge a Cosipa, o Sindicato dos Metalúrgicos, em Santos, teve um crescimento vertiginoso. Porque antes os sindicatos mais importantes eram da área do porto de Santos. Entram os metalúrgicos e também os petroleiros, com a criação da refinaria de Cubatão, pouco antes da Cosipa. Havia uma efervescência sindical muito grande! Era uma das cidades mais importantes do ponto de vista da vida sindical. Sofreu muito por causa disso." Disponível em: <http://memoria.dieese.org.br/museu/indexProjeto.do?idPessoa=6&idProjeto=1&pagina=minha_historia.jsp&paginaHistoria=2>. Acesso em: 25.05.2008.

MILITÂNCIA NA BAIXADA SANTISTA

A formação se deu em Ribeirão, mas a militância mais intensa no Partido Comunista aconteceu na Baixada Santista.

Em sua cidade natal, Müller viveu experiências políticas estudantis com Marcelo Gato, Sérgio Arouca e Jirges Dieb Ristum, seu amigo de infância, que foi vice-presidente da União Estadual dos Estudantes, e com quem se reencontrou em São Paulo depois de ter saído da prisão no *Raul Soares*. Jirges tinha um primo que era amigo do jornalista José Hamilton Ribeiro, que por sua vez conhecia Cícero ("Cícero, se não me engano, Vieira", recorda Müller), responsável pelo arquivo da *Folha de S.Paulo* e pela aplicação dos testes para admissão na Redação do jornal. Müller foi padrinho de Jirges no casamento civil, e Cláudio Abramo, no religioso.

Na Baixada Santista, Müller foi muito influenciado por Vitor Galati. "Ele tinha grande sabedoria política, imensa experiência e muita coragem. Era um velho militante, disciplinado e um exímio organizador. Vitor teve diversas funções no Partido, várias profissões, teve muitos nomes e codinomes. No passado, era encarregado da ligação do PCB com a base comunista nas Forças Armadas. Morava numa casa simples, muito modesta, acho que em São Vicente, era casado e tinha uma filha chamada Olga, claro.

Era um velho comunista da direção da minha base na Cosipa. Foi ele quem me 'ligou'. Lepera avisou a direção do partido, em Santos, que eu tinha ido para a Cosipa. O prédio central da usina era num canteiro de obras. Havia lá um carpinteiro, encanador, um quadro do partido. Um dia, ele me perguntou: 'Você é o Roberto Müller? Sou o Vitor Galati, e o companheiro Lepera pediu para eu te 'ligar'. Ele me ensinou normas de segurança, como ficar numa multidão quando há repressão, como me esconder. Depois do golpe me deu a tarefa de voltar para a Cosipa para recompor o partido, sabendo tanto ele como eu que provavelmente eu iria ser preso."

No dia do golpe, a ordem do PCB foi parar a Cosipa, e houve uma negociação para não danificar os equipamentos.

"Na época, a Cosipa, como empresa estatal, era muito agredida por interesses, e havia preocupação de um grupo de empregados e do próprio Sindicato dos Metalúrgicos em defender a usina. Müller estava na vanguarda disso", conta Marcelo Gato. "Ele defendia que fosse tomado todo cuidado para não prejudicar os equipamentos. Uma usina siderúrgica não pode parar, pois tem tijolo refratário para altas temperaturas. Se você desliga o equipamento, tem de deixar num processo controlado o desaquecimento e o resfriamento. Caso contrário, ocorre um choque térmico. Quando se para qualquer equipamento em uma usina siderúrgica é preciso uma responsabilidade muito grande. Sob pena de, ao fazer uma greve, destruir o patrimônio que é o seu ganha-pão. A máquina não tem nada a ver com a política de salários e de emprego", afirma Marcelo Gato.

Quando Müller chegou à Cosipa, o PC era muito bem organizado no porto e nas empresas. "A Cosipa, inaugurada oficialmente em novembro de 1965, estava na fase de montagem, mas já tinha cerca de dez mil trabalhadores. A primeira fase da operação foi a da laminação, na qual Müller trabalhou. Depois passou para a aciaria, onde eu também trabalhei. Quando entrei na Cosipa, já comecei, por meio do Müller, a frequentar o Sindicato dos Metalúrgicos. Ele chegou a ser o nosso delegado sindical na aciaria. Todos morávamos em Santos. Tínhamos uma república. Vários colegas nossos da Escola de Química também tinham ingressado na empresa. Müller fez um curso teórico de quatro meses, já empregado na Cosipa, e foi fazer um estágio em Volta Redonda. Já estávamos na fase de Jânio Quadros e Adhemar de Barros, que dizia 'Vou prender os comunistas da Cosipa'. Quando veio o golpe militar, foi aquele transtorno. Santos foi a cidade que mais sofreu. Todos os sindicatos sofreram intervenção."

"O partido não queria a destruição da usina. Queria parar a produção em solidariedade ao Goulart. Todos estavam em greve, e eu estava lá, em greve, mas ajudando a manter os equipamentos. Isso me ajudou a ser absolvido depois, porque ajudei a salvar os equipamentos da Cosipa", diz Müller. "Era o único técnico no pequeno grupo de quatro pessoas destacadas para paralisar a Cosipa, daí minha importância, pois eu designava trabalhadores para trabalhar na manutenção dos equipamentos. Todos usavam o crachá 'estamos em greve'. Voltei para lá depois do golpe. Eu atendia os dois critérios para ser readmitido: era bom funcionário e tinha trabalhado durante pelo menos uma greve. A Cosipa me mandou estagiar na Usina de Volta Redonda para aprender a fazer aço. Durante meu estágio, houve uma greve na Cosipa. Como eu estava em Volta Redonda, bati ponto lá. Portanto, no meu prontuário constou que eu havia trabalhado durante a greve. Eu pude provar que não participei de pelo menos uma greve na Cosipa. Isso tudo era formal, mas o mais difícil era vencer a barreira do informal. Descobri, na sede da Cosipa, em São Paulo, que Manoel Garcia Filho, vice-presidente de pessoal, era quem liberava a volta ao trabalho. Eu ia todos os dias lá, na avenida São João. A secretária dele se encantou comigo, pegou o meu processo, deu para ele assinar e ele assinou sem ver. Voltei para a Cosipa para perplexidade geral."

Müller, porém, sabia que iria ser preso. Levou seus livros para outro endereço, em Santos, e foi a São Paulo registrar seu diploma de químico.

"Avisei onde estava e no outro dia me procuraram. Levaram-me para o escritório da Cosipa, em Santos. De lá me puseram num barco rumo ao *Raul Soares*."

Marcelo Gato, que na época tinha ido fazer um segundo estágio em Volta Redonda depois de ter entrado na Cosipa em maio de 1963, um ano depois de Müller, foi visitar o amigo no navio.

"Era muito difícil entrar, mas um tio do Müller, irmão da mãe dele, conseguiu que eu fizesse a visita. Vi outros camaradas no navio, ali estava praticamente toda a liderança sindical. Todos eles foram processados, mas os processos acabaram não dando em condenação. Logo nos primórdios do golpe militar, havia um sistema legal funcionando. Pelo menos uma aparência de legalidade existia. O endurecimento veio mesmo para valer com o AI-5, em 1968, que liquidou com todo o sistema judiciário e democrático. Nem *habeas corpus* existia mais", lembra Marcelo Gato[4].

---

4 "A cidade que mais sofreu com o golpe de 1964 foi Santos. A área portuária, que tinha por volta de quarenta mil empregados, mais os da Cosipa, além de toda aquela infraestrutura de Cubatão, era muito bem organizada do ponto de vista da luta trabalhista sob a liderança do Partidão. De esquerda, era só o PCB, outros não tinham inserção na massa. O PC estava na semilegalidade, atuava às vistas com um pequeno disfarce. Havia alguns vereadores que atuavam por meio do PSB e do PTB. O PC tinha uma ligação muito estreita com uma das alas do PTB, que era uma frente. Havia alas muito boas e a dos bigurrilhos, que era a direita. Para poder atuar na legalidade da estrutura política, o partido tinha militantes que se filiavam a outros partidos, principalmente PSB e PTB, que serviam de suporte aos nossos candidatos", relata Marcelo Gato.

CAPÍTULO 2

Da militância de esquerda ao jornalismo, intercalando passagens pelo governo

Müller saiu do navio-prisão e não conseguiu trabalho em nenhuma siderúrgica. Tentou, sem sucesso, um emprego na Aços Finos Piratini, hoje do Grupo Gerdau. Os desdobramentos da militância deixaram marcas profundas em seu currículo. Mas, para alguma coisa, até ajudaram, como na *Folha de S.Paulo*, onde Cláudio Abramo se identificou com ele ao saber que estivera preso no *Raul Soares*.

Aos 23 anos, a vida daria uma guinada na terceira cidade mais importante na história de Müller: São Paulo. Foi na capital do estado, por onde transitou entre o interior e o litoral, que ele participou de experiências inovadoras no jornalismo, como nas revistas *Veja, Realidade, Visão* e *Expansão*, e nos jornais *Folha de S.Paulo* e *Gazeta Mercantil*.

"Foi tudo uma sucessão de acasos felizes. Fiz um teste, passei em segundo lugar e entrei na *Folha de S.Paulo*. O primeiro colocado, meu amigo Jirges Ristum, desistiu, e assim eu preenchi a única vaga. Comecei como copidesque da editoria de Internacional em dezembro de 1964.

Na época, Cláudio Abramo, que também acabara de chegar, era chefe de produção."

Jornalista brilhante, Cláudio Abramo foi o responsável pela modernização das Redações dos jornais *O Estado de S.Paulo*, onde trabalhou entre 1952 e 1963, e *Folha de S. Paulo*, onde percorreu, desde o final de 1964 até meados da década de 1980, uma trajetória rica em acontecimentos, interrompida por sua prisão em 1975.

Na *Folha*, Cláudio Abramo foi chefe de reportagem, diretor de Redação, membro do Conselho Editorial, correspondente em Paris e Londres, além de colunista. As reformas que fez no jornal influenciaram os rumos da imprensa brasileira nos anos 1970. Roberto Müller considera-o o mais completo dos jornalistas. É o que deixa transparecer, com grande admiração, no artigo que escreveu na *Folha de S.Paulo*, por ocasião do 20º aniversário da morte de Cláudio Abramo, publicado na edição de 14 de agosto de 2007, sob o título "Cláudio Abramo, jornalista marceneiro":

> Quando recebi o convite para escrever sobre Cláudio Abramo, com quem trabalhei várias vezes nesta Folha e de quem fui amigo o tempo todo, tive uma espécie de medo e desejo irresistível de aceitar. Passados 20 anos de sua morte, ele ainda é o melhor de todos.
>
> Herdei-lhe uma bengala, preciosa lembrança que guardo com grande carinho. Por via das dúvidas, ela está, enquanto escrevo, ao meu lado. Talvez para inspirar-me, quem sabe para tê-la ao alcance dos olhos, para evitar que

INTUIÇÃO, POLÍTICA E JORNALISMO

Cláudio a utilize como reprimenda à ousadia de escrever sobre ele, seja pela pobreza do texto que estou produzindo, seja constrangido pelos elogios que certamente escorrerão do teclado enquanto tento conter a emoção que a lembrança de sua figura majestosa desperta.

Explico-me: o pouco que aprendi sobre jornalismo devo ao muito que ele sabia. Cláudio adotou-me assim que soube que eu estivera preso num navio-presídio, Raul Soares, onde descarregavam subversivos da Baixada Santista e de outros lugares.

Fez-me repórter, depois editor de economia, por duas vezes, quando implantava a reforma deste jornal, após ter feito, jovem ainda, a de "O Estado de S. Paulo." Leu meus textos, corrigiu-os impiedosamente. Com ele aprendi também a editar.

Algum tempo depois de sua vinda para a Folha, Cláudio comandou a grande mudança para o método de composição a frio, que aposentou a linotipia. Na fase inicial da mudança, a luta contra o tempo era implacável, horários rígidos de fechamento.

Lembro-me dele retirando os diagramas das editorias mesmo que ainda incompletos. Nos espaços vazios, entravam calhaus[5]. Mas ele ajudava com sua experiência e genialidade. Havia um título de alto de página, de uma coluna, acho que eram quatro linhas de sete toques, dificílimo de fazer, sobretudo quando pressionados pela

5. Notícia, artigo, matéria de menor importância ou anúncio de permuta que, na falta de coisa melhor, serve para encher espaços vazios (buracos) por falta de material editorial ou erro de cálculo na diagramação.

urgência do fechamento. De sua enorme mesa ao centro da ampla redação que comandava, Cláudio anunciava que chegara a hora de entregar os diagramas. Não raro, quando pedíamos clemência, alegando que faltava apenas produzir o maldito título de uma coluna, ele pedia que disséssemos de que a matéria tratava e, de pronto, ditava-nos, lá de seu posto, com impressionante exatidão, as tais quatro linhas de sete toques.

Aos jornalistas que aprendemos com ele, e fomos tantos, de tantas gerações, ficaram lições de forma e de conteúdo. De ética e de caráter. Autodidata, Cláudio falava fluentemente cinco línguas e escrevia em português e inglês. Leu muito, tinha uma cultura humanista admirável. As reportagens e colunas que escreveu ao longo da vida são impecáveis. Mas gostava mesmo era de ser marceneiro. A propósito, Cláudio era bom nisso também. Fazia bons móveis e dizia que a ética do jornalista, assim como a do marceneiro, era a mesma, ou seja, só havia uma ética, a do cidadão.

Modesto, não se levava a sério. Mas levava muito a sério a profissão. Fazia o trabalho com paixão. Participou de todos os embates políticos de seu tempo. Sempre do lado dos oprimidos. Foi vítima da ditadura como profissional e cidadão. Preso com sua mulher Radhá, manteve a altivez e a irreverência com os poderosos.

No comando, Cláudio era exigente, transmitia-nos técnica e regras de conduta. Aprendi com ele que é possível, embora não seja fácil, combinar emoção e isenção ao reportar os episódios que cobríamos.

Mas Cláudio era, sobretudo, justo e combinava isso com generosidade. Gostava de recrutar jovens, aos quais ensinava pelo exemplo. Houve um dia em que, constrange-me revelar, aprendi com ele uma preciosa lição de integridade. Testemunhei conversa tensa entre ele e Octavio Frias de Oliveira, uma de tantas, fruto de uma curiosa relação de respeito e farpas.

Cláudio tentava convencer Frias de que a Folha, que já se tornara o jornal de maior tiragem no Estado, precisava agregar influência. Recomendava a criação de uma ou duas páginas de opinião, com a contribuição de jornalistas notórios e respeitáveis. Apresentou três nomes famosos. Ante a resistência inicial de Frias, saiu fechando abruptamente a porta.

Atônito, temendo pela reação que o gesto pudesse provocar, atrevi-me a sugerir paciência a Frias, argumentando que Cláudio era um tanto irascível, mas certamente um grande jornalista. Recebi mal-humorada resposta, mais ou menos nesses termos: "E você acha que, se eu não soubesse disso, toleraria tal temperamento?"

Depois, fui ter com Cláudio e argumentei que os três nomes que ele sugerira eram competentes, mas nem sempre falavam bem dele. E foi aí que me veio a lição, inesquecível como um bofetão: "Eu sei, mas são grandes jornalistas e têm direito ao trabalho."

É por tudo isso que ele faz tanta falta.

De copidesque, Roberto Müller passou a repórter de economia da Folha, ocasião em que cobriu os assuntos da Federação das Indústrias do Estado de São Paulo – Fiesp – ,

Associação Comercial de São Paulo – ACSP – e de outras entidades empresariais. Naquela época, as seções de economia dos jornais eram pequenas e burocráticas e ele pôde participar do crescimento dessa área no jornalismo. Foram as reportagens das editorias de economia que começaram a contestar abertamente o regime militar.

Na *Folha de S.Paulo*, Cláudio Abramo contratou um economista para dirigir a seção de Economia, Sebastião Advíncula da Cunha, dono de um currículo respeitável: foi do Banco Nacional de Desenvolvimento Econômico – BNDE –, do grupo da Comissão Econômica para a América Latina e o Caribe – Cepal – e do Plano de Ação do governo Carvalho Pinto.

Entre 1969 e 1974, no período Médici, o país vivia o "milagre econômico." As empresas se profissionalizavam e os investimentos estrangeiros alavancavam o processo de desenvolvimento. As editorias de Economia ganhavam importância, mas, ao mesmo tempo, cobriam macroeconomia em detrimento dos negócios que se ampliavam, lacuna que Müller preencheria com seu projeto inovador na *Gazeta Mercantil*, a partir de 1974, aos 33 anos.

Beirando os trinta, Roberto Müller já era um formador de jornalistas.

Após sua experiência na *Folha de S.Paulo*, Müller foi para a revista *Veja*, projeto no qual se envolveu desde os primeiros números zero, sob a direção de Mino Carta[6],

---

6. A revista *Veja*, da Editora Abril, foi lançada em setembro de 1968, depois de 14 números zero. Foi apreendida várias vezes pelos governos militares. De 1968 a 1974,

que o contratou como repórter de Economia de um núcleo pequeno dentro da editoria de Brasil, e logo depois foi promovido a repórter especial.

Passado algum tempo, saiu da *Veja* para participar da revista mensal de reportagens *Realidade*, também do grupo Abril, lançada em abril de 1966 e extinta dez anos depois[7].

Müller ficou pouco tempo na *Realidade*. Saiu no meio de uma matéria para responder a um Inquérito Policial Militar – IPM. Tinha de ir todos os meses à Auditoria Militar para as audiências. Além disso, soube que iria ser condenado e se escondeu às pressas. Como o julgamento foi adiado, buscou trabalho em outra revista: a *Visão*, que fora comprada por Said Farah em 1972 e era dirigida pelo jornalista Antonio Pimenta Neves, com quem Müller já trabalhara na *Folha de S.Paulo*. A publicação semanal de informação geral, que circulou de 1952 a 1993, passando por vários proprietários e diferentes orientações editoriais, teve o seu período marcante nas décadas de 1960 e 1970. Foi referência nacional em cobertura jornalística econômica e política, local e internacional, e dedicou espaço a grandes reportagens.

Na *Visão*, Müller trabalhou como repórter especial. Deixou a revista para fazer sua primeira incursão pelos

---

foi alvo de censura branda, mas de 1974 a 1976, no governo Geisel, em que houve distensão política, a revista sofreu forte censura.

7. O livro *Revista Realidade 1966-1968 - Tempo da reportagem na imprensa brasileira*, de José Salvador Faro, lançado em 1999 pela AGE Editora, traz uma boa análise sobre o conteúdo dessa publicação que marcou época no jornalismo brasileiro nas décadas de 1960 e 1970.

gabinetes do poder. Foi convidado pelo empresário Dilson Funaro, na época proprietário da fábrica de plásticos e brinquedos Trol, para ser seu assessor especial, em tempo parcial, na Secretaria de Planejamento do Estado de São Paulo, no governo de Abreu Sodré (1967-1971).

Müller conheceu Funaro quando cobria Economia para a *Folha*. Os dois ficaram muito amigos e estiveram juntos nas passagens do empresário pelo governo estadual e federal, inclusive nos momentos cruciais da economia brasileira na gestão Sarney, quando foi decretada a moratória da dívida externa. Na ocasião, Müller se licenciou da *Gazeta Mercantil* para ser chefe de gabinete na Secretaria de Estado da Fazenda.

Em 1967, Müller relutara em aceitar o convite de Funaro para ser seu assessor na Secretaria de Planejamento.

– Olha, Dr. Dilson, eu não posso, estou respondendo a um Inquérito Policial Militar.

– O Sodré me deu carta branca – reagiu Funaro.

– Mas eu não quero.

"Eu não queria aceitar, pois achava que estava impedido. Ao mesmo tempo, gostava muito do Funaro, um jovem empresário progressista, que me convidava para montar o seu gabinete."

– Se ele não me deixar contratá-lo, também não aceito ir para o governo – retrucou Funaro.

"Desligou o telefone. Pouco depois me disse que estava tudo bem, que o governador não se opôs ao meu nome. Diante desse e de outros gestos generosos de Abreu Sodré, fiquei amigo dele até a morte."

Müller, ao centro na foto, fazendo reportagem sobre a descoberta de xelita no Rio Grande do Norte para a revista Realidade.

Em reportagem para a Realidade, *em São Paulo, 1966, quando o exgovernador do Rio de Janeiro, Carlos Lacerda, criou a Frente Ampla, com Jango e Juscelino Kubitschek. Na foto, o sociólogo José Álvaro Moisés aparece ao lado de Müller e de Lacerda. Ao fundo, Chopin Tavares de Lima.*

Depois da Secretaria do Planejamento, Funaro foi convidado por Sodré a substituir o secretário da Fazenda, Luis Arrobas Martins, e levou para a pasta a equipe que o acompanhou no Planejamento, integrada pelos economistas João Manuel Cardoso de Mello e Luiz Gonzaga Belluzzo, ambos da Universidade Estadual de Campinas – Unicamp.

Na época, aconteceu um fato curioso: os dois economistas foram objeto de uma troca para favorecer a continuação das obras da Unicamp. O reitor, Zeferino Vaz, que era adhemarista, disse que emprestaria ambos para o governo desde que o governador Sodré aceitasse retomar as obras. Quando Adhemar de Barros foi cassado, o vice, Laudo Natel, assumiu e paralisou os trabalhos no *campus*. Abreu Sodré, a pedido de Funaro, retomou os desembolsos e as obras prosseguiram.

Dilson Funaro tinha um "projeto para o Brasil" e, com isso em mente, levou do Planejamento para a Secretaria Estadual da Fazenda um grupo de especialistas, entre eles o sociólogo e cientista político Eduardo Kugelmas, que fugiu do país ajudado por Müller, e se exilou no Chile. Da equipe de Funaro participava ainda o jurista Eros Grau, atual ministro do Supremo Tribunal Federal, que também teve problemas políticos e foi preso pela Oban – Operação Bandeirante – [8], "antecessora do famigerado Doi-Codi

---

8. Segundo Elio Gaspari, em *A ditadura escancarada*, editado pela Companhia das Letras, 2002, p. 60, a Operação Bandeirante "foi lapidada por meio de uma Diretriz para a Política de Segurança Interna, expedida pela Presidência da República em julho de 1969, que resultou no surgimento de estruturas semelhantes em outros

– Destacamento de Operações de Informações – Centro de Operações de Defesa Interna."[9]

São Paulo, na década de 1960, era rica em livrarias, e foi nesse ambiente, que mesclava clima literário com efervescência política, que Müller dividia seu tempo entre a Secretaria da Fazenda e as discussões nos cafés do centro. Havia abundante oferta de livros em importadoras mexicanas e argentinas, na Livraria Francesa, na Ler, na Mestre Jou, na Loja do Livro Italiano, no Palácio do Livro, que se destacava na paisagem da avenida Ipiranga e era o paraíso dos *pocket books,* na Parthenon e nas tradicionais brasileiras, como Teixeira, Jaraguá, Brasiliense, Zahar, Duas Cidades e Kosmos.

O centro da cidade – praça Dom José Gaspar, Galeria Metrópole, avenida Ipiranga, avenida São Luís, rua Barão de Itapetininga, imediações da praça da República – era um núcleo de cultura e debate político em bares e cafés frequentados por intelectuais, artistas, estudantes, políticos, jornalistas.

estados. Estabeleciam as normas que centralizavam o sistema de segurança, colocando-o sob as ordens de um oficial do Exército classificado na seção de informações do comando militar. Ele requisitaria efetivos à PM, delegados e escreventes à polícia. Manteria algo parecido com um cartório para tomada de depoimentos e teria sua própria carceragem. (...) criava-se assim um corpo de polícia política dentro do Exército, funcionando na zona militar do parque do Ibirapuera."

9. O DOI-CODI foi criado pelos generais Emilio Médici e Orlando Geisel."Por mais de dez anos essas três letras foram símbolo da truculência, criminalidade e anarquia do regime militar. (...) Repetia-se no DOI o defeito genético da Oban, misturando-se informações, carceragem e serviços jurídicos. O destacamento formava uma unidade policial autárquica, concebida de forma a preencher todas as necessidades da ação repressiva sem depender de outros serviços públicos", afirma Elio Gaspari em *A ditadura escancarada,* p. 175.

O Toni's Bar, ao lado do Palácio do Livro, deixou uma marca indelével na vida de Müller, que passou a frequentá-lo desde os tempos de repórter da *Folha*. O local era ponto de encontro de estudantes de Direito, Arquitetura, jornalistas e pessoas de diferentes origens, interessadas no debate político e no conforto das conversas quase diárias entre amigos.

"Foi lá que eu conheci Bartô, Bartolomeu Santos, um homem conservador, mas uma figura magnífica, de grande cultura, um nacionalista que sabia tudo sobre Vargas. O Bartô era muito amigo do general Albuquerque Lima, ministro do Interior do governo Costa e Silva. Apresentou-me ao general, e ainda quando estava na *Visão* fiz uma entrevista com ele. Fiquei amigo do general Albuquerque Lima na seguinte circunstância: o texto já estava rodando quando, no mesmo dia, saiu um expediente militar proibindo os generais de darem entrevista. Fiquei com medo de prejudicá-lo, liguei para ele e perguntei:

– Quer que eu leia o texto?

– Não, meu filho, eu confio no senhor.

O general Albuquerque Lima era uma cabeça nacionalista e anticomunista. Em nome do nacionalismo e de fazer a distribuição de renda, chamou Coutinho Cavalcanti, comunista e especialista em reforma agrária, autor de vários livros sobre estrutura fundiária. Numa das idas ao Ministério do Interior, conheci também uma estranha figura, que era do Comando de Caça aos Comunistas – CCC."[10]

---

10. "(...) grupo de extrema-direita que atuou em várias cidades do Brasil, planejando

A passagem de Müller pelo gabinete de Funaro, na Secretaria Estadual da Fazenda, terminou em 1971, no final do governo Sodré. Sempre oscilando entre o jornalismo e a política, não resistiu ao convite para trabalhar, após rápida passagem novamente pela editoria de Economia da *Folha*, na *Expansão*, revista de negócios[11] cujo editor e diretor responsável era Francisco Crestana, o sócio brasileiro de Harvey Popell. Norte-americano formado em Harvard, Popell também era proprietário da mexicana *Expansión*.

Müller conhecera Crestana em um momento particularmente difícil. Tinha acabado de sair do navio-prisão e precisava trabalhar e reconstruir sua vida. Conseguiu trabalho num grupo de revistas médicas dirigidas por Crestana: *Médico Moderno* e *Farmácia Moderna*. Na época, era comum jornalistas acumularem trabalho em empresas diferentes. Assim, de manhã Müller editava a *Farmácia Moderna* e, à tarde, ia para a *Folha*.

Foi na *Expansão* que ele vislumbrou o projeto que implantaria mais tarde na *Gazeta Mercantil*. O eixo partiu de um artigo da *Harvard Business Review* intitulado *"Marketing Myopia"* ("Miopia em Marketing"), escrito pelo economista norte-americano Theodore Levitt, que também foi editor da revista, e o influenciou.

e executando ações de ataque a alvos como teatros, universidades, imprensa, setores da Igreja Católica, bancas de jornal e revista." Ver Clarissa Brasil, "As ações do Comando de Caça aos Comunistas (1968-1969)." Disponível em: <www.eeh2008. anpuh-rs.org.br/resources/content/anais/1212362230_ARQUIVO_clarissabrasil. pdf>. Acesso em: 14.05.2009

11. A revista *Expansão* ganhou o "Prêmio Esso de Melhor Contribuição à Imprensa", em 1972. Foi vendida à Editora Abril e incorporada à revista *Exame*, em 1975.

"Nós tínhamos, na *Expansão*, o direito de publicar um artigo quinzenal da *Harvard*. Editamos, no segundo número, se não me engano, o artigo 'Miopia em Marketing'. Levitt dizia que os dirigentes deveriam se perguntar qual é o seu negócio. Dessa resposta dependeria se teriam ou não sucesso. Citava o caso das empresas ferroviárias nos Estados Unidos. Se você perguntasse a um empresário do setor ferroviário, nos Estados Unidos, há algumas décadas, o que ele era, respondia que era empresário do setor ferroviário. Na verdade, ele era empresário de um negócio de transportar pessoas de um lugar a outro. E, se tivesse respondido a pergunta dessa forma, teria percebido as oportunidades que o negócio de levar pessoas e objetos de um lugar a outro ofereceriam. E teria ingressado no setor rodoviário ou aeroviário, por exemplo.

Impressionou-me muito o artigo. Fiquei com ele na cabeça. Quando fui convidado pela primeira vez a trabalhar na *Gazeta Mercantil*, pensei sobre qual jornal faria se o convite se concretizasse. Já existiam a *Folha de S.Paulo* e o *Estadão*, as editorias de Economia estavam crescendo, o capitalismo brasileiro avançava... Eu precisaria fazer um jornal especializado, segmentado, que tivesse um centro originador de informações próprias, que serviria para qualquer mídia – TV, jornal, multimídia. Na época, nem se falava em multimídia."

Müller queria colocar em prática o que dizia Levitt, pois achava sábia a ideia dele, aplicável a qualquer época ou atividade econômica. "Naquele momento, tive a intuição de que o artigo de Levitt me conduzia a tentar uma

Capa da revista Expansão, *na época em que Müller foi diretor de Redação.*

REPORTAGEM DE CAPA

De como tirar negócios do Baú

"Dez canetas estão para um camelô assim como o Baú está para Silvio Santos." (Senor Abravanel)

É assim que Senor Abravanel, 36 anos, brasileiro descendente de gregos, ex-pára-quedista do Exército, ex-recordista de vendas ambulantes no Rio de Janeiro, festejado animador de televisão e bem sucedido homem de negócios — *chairman of the board* de um grupo de treze empresas em diversos ramos — define seu próprio estado de espírito diante dos empreendimentos que criou e dirige, hoje à distância.

Em seu depoimento alternam-se duas personagens. Abravanel fala de Silvio Santos com indisfarçável admiração. Mas Silvio Santos fala pouco de Abravanel e, quando o faz, é com sobriedade. Na verdade, aquele é mais real do que este. Mas há, tanto num como noutro, as mesmas três linhas mestras de uma personalidade inegavelmente exuberante: intuição invulgar, um certo encanto pessoal e uma desconcertante autoconfiança.

O homem de negócios Abravanel tem muito do artista Silvio Santos e pode-se dizer que o contrário também é verdade. E talvez seja este o ponto de partida para uma explicação do rápido sucesso que fazem suas empresas.

O empresário Abravanel tem idéias muito pessoais sobre o que é gerir e sobre em que princípios se deve assentar um negócio para ser bem sucedido.

— É preferível ser a melhor quitanda do que ser mais um supermercado — diz ele.

E assim foi com suas empresas desde o começo. Elas surgiram umas das outras e todas saíram do Baú da Felicidade, que ele recuperou e fêz crescer. Hoje são cinqüenta lojas nos Estados de São Paulo, Rio de Janeiro, Guanabara, Minas Gerais e Espírito Santo.

Assim, a idéia fixa de que nunca se deve dar o passo maior do que as pernas e a convicção de que "a preocupação com dívidas emperra o desenvolvimento de qualquer empresa" permitiram que, uma a uma e cada qual a seu tempo, fossem sendo retiradas do Baú as diversas

Abravanel:
"A máquina está montada, mas não serei seu escravo."

empresas que formam o Grupo Silvio Santos.

Ser dotado de intuição não significa administrar negócios sem regras nem métodos. Não quer dizer que os tecnocratas não têm lugar. Ao contrário, significa intuir que intuição apenas não construí um complexo empresarial. Aconteceu com Abravanel. Ele diz ter percebido que, a partir de um determinado momento do estágio de crescimento de suas empresas, tornar-se-ia necessário contratar profissionais competentes.

Delegou. Hoje não figura nominalmente em nenhum cargo executivo de suas empresas. Não dirige a rotina, decide em instância superior. Escolhe entre alternativas propostas pelos seus executivos ou veta simplesmente um novo projeto. Às vezes propõe novos negócios, raramente discute os detalhes.

Em leque e em cone. Detalhes à parte, a maioria das empresas de Abravanel surgiu para completar o trabalho de uma outra. Cada uma que surgia já nascia com mercado cativo. Depois crescia e passava a operar com terceiros.

Hoje, o Grupo é composto de executivos profissionais. Vários são professores da Escola de Administração de Empresas da Fundação Getúlio Vargas, alguns são mestres em marketing, outros em economia, diversos fizeram cursos ou trabalharam em grandes empresas no exterior.

As empresas que se abriram em leque tiveram de se fechar em cone. Recentemente, foi decidida a constituição de uma nova empresa — Silvio Santos S. A. Administração e Participação —, uma espécie de unidade central do Grupo, misto de empresa-*holding* e de serviços. Sua finalidade — segundo seu diretor-presidente, Mário Albino Vieira, 31 anos — é formular diretrizes de gestão e partilha de capitais, controlar acionariamente a organização, além de centralizar serviços comuns às diferentes empresas do Grupo.

Esboça-se, assim, o contorno de um *aglomerado* empresarial — a primeira meta de uma sucessão de

Primeira página da reportagem de capa da revista Expansão, *de 23 de agosto de 1972.*

nova maneira de encarar a função de dirigente de jornal: tratava-se, como disse várias vezes ao longo dos anos seguintes, de conceber uma usina de informações especializadas, em qualquer das mídias existentes. Foi, como dizia o título de uma matéria, acho que no segundo número da revista *Expansão*, 'A intuição da oportunidade'. Depois isso tudo ficou sendo conhecido como multimídia. Eu não sabia o que viria no futuro, mas intuía.

Perguntei ao Luiz Fernando Levy (diretor-presidente da *Gazeta Mercantil*) se podia fazer o jornal que eu tinha em mente, segmentado, com um centro de informações. E que também pudesse trabalhar com outras mídias, como a televisão. Já em 1974, eu pensava em programas da *Gazeta* na TV."

"Só não pode gastar mais do que o orçado", assentiu Levy.

O "projeto *Gazeta Mercantil*" viria um pouco mais à frente, pois Müller ainda trabalhou dois anos na *Expansão* como diretor de Redação. Nesse período, uma de suas reportagens tratou justamente daquele projeto, o que lhe valeu o primeiro convite da família Levy para editar o jornal.

No início da década de 1970, os Levy idealizaram um jornal nos moldes do *The Wall Street Journal*. Coube a Omar Bittar, diretor-superintendente da empresa, o papel de *headhunter*. Entrevistou vários jornalistas e selecionou dois: Hideo Onaga, do grupo *Visão*, que editava a revista de mesmo nome, e Müller, diretor de Redação da *Expansão*. Acabou escolhendo Onaga, que permaneceu

INTUIÇÃO, POLÍTICA E JORNALISMO

na chefia da *Gazeta Mercantil* por volta de um ano, até o início de 1974. O jornal, porém, não decolou.

Müller só assumiu o comando editorial da *Gazeta Mercantil* em 1974. Depois da *Expansão*, retornou para a *Folha de S.Paulo* a convite do *publisher* Octavio Frias de Oliveira e de Cláudio Abramo. Lá permaneceu apenas dois meses como editor especial, período em que escreveu duas matérias, uma delas sobre o aniversário do golpe de 1964.

Sua breve e última passagem pela *Folha de S.Paulo* foi interrompida pelo segundo convite de Luiz Fernando Levy para ser o editor-chefe da *Gazeta Mercantil*. Antes de aceitá-lo, porém, Müller perguntou a Cláudio Abramo o que achava da proposta.

– Vai, meu filho, esse é um lugar para ficar vinte anos.

CAPÍTULO 3

Histórias no principal jornal econômico do Brasil

Em janeiro de 1974, a *Gazeta Mercantil* circulava com uma tiragem de oito mil exemplares. "Müller recebeu o jornal com uma Redação de modelo clássico", lembra Antonio de Gouveia Júnior. "Os editores faziam as pautas e as entregavam para a chefia de reportagem, que era a secretaria. Os repórteres, que eram subordinados a ela, produziam as matérias e as devolviam aos editores. Estes só editavam e entregavam as pautas, mas não trabalhavam diretamente com os repórteres. Os editores brigavam com o chefe de reportagem porque queriam uma produção de coisas que ele não obtinha dos repórteres. O chefe de reportagem defendia o time dele contra os editores", resume Gouveia.

Ao assumir a Redação, em 1974, Müller, num primeiro momento, ainda manteve o jornal no modelo implantado por Hideo Onaga, mas, aos poucos, foi materializando as ideias que teve ao absorver o artigo de Theodore Levitt. Uma das grandes mudanças foi a segmentação do jornal em editorias, que passaram a ser autônomas. Cada editor tinha o seu núcleo de repórteres.

Logo depois, Müller percebeu que os editores, bons jornalistas, autores de ótimos textos, ao não serem mobilizados para produzir notícia estavam se fossilizando atrás da mesa com a única função de editar. Em suma, tratava-se de uma perda para o jornal, que não contava com a excelência do trabalho dos editores em favor do enriquecimento do conteúdo.

Müller decidiu retirar do editor o papel de apenas editar e deu a ele a responsabilidade de escrever matérias. Essa inovação veio acompanhada de outra. Ele não criou a figura do subeditor, como existia em outros jornais, mas instituiu o secretário de editoria, o equivalente do secretário de Redação. Assim, o editor ficava liberado para escrever, enquanto o secretário de editoria cuidava de falar com os repórteres durante o dia, preparar a edição e fazer pesquisa no Centro de Informações – CI – para complementar e aprofundar as informações.

O secretário de editoria também tinha a incumbência de produzir matéria junto com o CI durante a tarde. O projeto de jornal de Müller continha a ideia de uma usina de informações especializada em economia e negócios, um jornal segmentado, no qual o leitor pudesse ler o que lhe interessasse. Enfim, um *bouquet* de *newsletters,* um "leque de negócios."

INTUIÇÃO, POLÍTICA E JORNALISMO

PAUTA CONSOLIDADA E ORIGINAL

Outra inovação no jornalismo introduzida por Müller foi a pauta consolidada. O jornalista Sidnei Basile, que trabalhou 18 anos na *Gazeta Mercantil* desde os primeiros momentos da ascensão do jornal, explica esse modelo de pauta em seu livro *Elementos de jornalismo econômico*[12].

"Decididamente uma forma inovadora de organizar a pauta foi a conduzida pela *Gazeta Mercantil* em meados dos anos 1970. O sistema, desenvolvido por Roberto Müller Filho, o editor-chefe que liderou a modernização do jornal a partir de 1974, era simples e brilhantemente inovador", diz Basile.

"Ele se fundamentava no fato de que esse jornal era o primeiro que se queria fazer com um escopo especializado. Seria diário, de distribuição nacional, com foco em economia e negócios. A equipe que começou esse projeto, da qual fiz parte nos primeiros anos como diretor da sucursal de Brasília, sabia que, mesmo com distribuição nacional, jamais seria o primeiro jornal a ser lido toda manhã.

Por quê? Por duas razões: porque era distribuído nas empresas, e não nas residências dos leitores, e porque o leitor, imaginava-se, sempre leria o jornal de sua cidade em primeiro lugar, porque as pessoas têm a tendência a ler primeiro as notícias sobre o que ocorre onde moram, como local, esportes, lazer, política, e só depois se interessar por economia.

12. BASILE, Sidnei. *Elementos de jornalismo econômico*. São Paulo: Editora Campus, 2002.

A estratégia, portanto, era a de ser o segundo jornal obrigatório em cada grande capital brasileira, ou seja, o segundo depois de *O Estado de S. Paulo* ou *Folha de S.Paulo* na capital paulista; o segundo depois de *O Globo* ou *Jornal do Brasil*, no Rio, o segundo, logo depois de *Zero Hora*, em Porto Alegre; ou depois do *Estado de Minas* em Belo Horizonte; ou o segundo logo depois do *Correio Braziliense* ou *Jornal de Brasília* na capital federal.

Uma dificuldade adicional é que esses jornais já tinham suas seções de economia e negócios, não tão amplas como hoje em dia, é verdade, mas em geral bem-feitas. Como então vencer essa dificuldade?

A resposta era uma só: com pautas originais. Como fazer isso? E foi aí que o jornal deu, creio, sua grande contribuição à imprensa brasileira, com a criação da pauta consolidada.

O início da pauta consolidada se dava no dia anterior a cada nova edição. Todos os jornalistas da Redação e sucursais eram chamados a deixar pelo menos uma sugestão de pauta para o dia seguinte em uma caixinha de sugestões. Tudo que julgassem que, bem pesquisado, poderia virar notícia no dia seguinte ficava como sugestão de pauta.

As sugestões vinham todas para a secretaria do jornal em São Paulo, e caíam, na manhã seguinte, na mão do pauteiro, que tinha nível de secretário de Redação. Este pauteiro lia todos os jornais, observava o que havia de relevante em cada um deles, lia as sugestões de pauta e aí construía a pauta do dia do jornal. Sua obrigação era consolidar, daquilo tudo, dez possibilidades (às vezes, até quinze) de pautas que pudessem se tornar grandes histórias para a nova edição. Fazia isso levando em conta a consistência entre o noticiário da imprensa e as muitas sugestões que ia recebendo.

Depois devolvia isso tudo para editores, sucursais e correspondentes, juntamente com a maioria – com frequência, a totalidade – das sugestões recebidas. E todos iam para a rua, no novo dia, com a obrigação, em primeiro lugar, de cobrir pelo menos um dos temas prioritários da pauta consolidada. Só depois disso teriam a liberdade de trazer a notícia referente à sua própria sugestão de pauta.

O sistema era simples e original. Permitiu à *Gazeta Mercantil*, na época, sair do ramerrame das entrevistas coletivas e dos *press releases* convencionais. Politicamente foi um achado, porque permitiu à Redação do jornal contornar o bloqueio das fontes de informação, sobretudo em Brasília. Por quê? Porque os ministérios começaram, naquela época, a articular a verdadeira praga, o monstro que revela hoje suas terríveis feições que é a centralização do noticiário na assessoria de imprensa.

Como isso, na época, era combinado com a censura, se você não tivesse sua própria pauta, seus próprios temas e, com isso, desenvolvesse suas próprias fontes, não conseguiria furar o bloqueio da centralização das fontes de informação. A pauta consolidada foi um instrumento criativo para driblar esse bloqueio. Funcionou e auxiliou, na época, a construir um grande e influente jornal."

Mais uma inovação que contribuiu para a originalidade da *Gazeta Mercantil*: o jornal cobria os assuntos por segmentos, mas editava-os por enfoque. De uma tal maneira, que uma matéria sobre diplomacia podia sair na editoria de Indústria por causa do enfoque. Se, por exemplo, houvesse um problema do Brasil com o Irã, e uma empreiteira de Minas Gerais estivesse para construir uma estrada naquele país, a matéria poderia sair em Transportes. Todo repórter sabia que o jornal não tinha setorista de "prédio", do ministério X ou Y. Na prática, os jornalistas cobriam assuntos. Diplomacia, por exemplo, era uma área que extrapolava o Itamaraty e envolvia embaixadas, o Congresso e ministérios que estivessem cuidando de temas relacionados à política externa e ao comércio exterior do Brasil[13].

"Na reunião de edição, no final da tarde, os editores 'vendiam' matérias e os secretários de editorias já tinham informação sobre o andamento das pautas. Naquele momento já se sabia, também, se o CI havia produzido algum material de apoio. Essa ginga foi muito importante para o jornal", comenta Gouveia. Outro detalhe peculiar à *Gazeta Mercantil*: a remissão às várias matérias entre si. O jornal tinha um processo de informações casadas, uma matéria

---

13. Em 1975, o jornal tinha 12 editorias: Primeira Página, Internacional, Nacional, Opinião, Legislação, Indústria, Matérias-Primas, Agropecuária, Finanças, Mercados, Administração & Serviços e Insolvências. A partir de 1979 e nos anos 1980 e 1990, outras editorias foram criadas: Política, Transportes, Empresas, Tecnologia, Informática e Meio Ambiente. Além disso, Mercados tornou-se um caderno semanal de 24 páginas.

podia chamar outra. As matérias também continham os nomes dos demais repórteres que contribuíram com informações sobre o assunto.

"Nosso modelo de jornal consistia em segmentação por editoria e, nela, as figuras do secretário e do editor eram igualmente importantes. Além disso, o Centro de Informações, a edição por enfoque e a pauta consolidada. Os editores escolhiam os seus subordinados e eu não opinava sobre isso", diz Müller.

"O critério era ser honesto, direito e competente. A ideia era dar um passo além do que os jornais faziam. Eu achava, já naquela época, que os jornais repetiam a televisão. Na *Gazeta*, os empresários precisavam de informações para tomar decisão e não de emoção, esta, sim, podia ser encontrada em outros jornais diários. Portanto, o jornal precisava ser correto, feito por especialistas, por jornalistas treinados na área, acostumados às fontes. Eles assinavam as matérias, sabiam do que estavam falando. O passo adiante conseguimos com tudo isso, com a cobertura segmentada e a edição por enfoque, além de alguma interpretação e informação em *background* vinda do CI", acrescenta.

Não era necessário dar furo, mas era indispensável ouvir as partes, mesmo que com isso a matéria ficasse um pouco atrasada e o jornal fosse "furado" por outros. No jargão do jornal, tratava-se do "ritual do contraditório." Esse conjunto de atitudes foi dando muita credibilidade à *Gazeta Mercantil*.

O jornalista Paulo Totti, outro integrante da equipe desde os primeiros anos da gestão de Müller, chefe da sucursal carioca do jornal, correspondente em Buenos Aires, Washington e Cidade do México e, entre outras funções, editor do primeiro caderno, lembra que a *Gazeta* deu "furos" importantes. "Participei de dois deles. Houve uma reunião em Buenos Aires com delegações de Brasil, Argentina, Uruguai e Paraguai para marcar a data de criação do Mercosul. Vinte dias depois, o fato iria ser anunciado oficialmente pelos presidentes. Consegui a ata da reunião e nós antecipamos a notícia. Na Guerra das Malvinas, tive a sorte de noticiar, com um dia de antecedência até da imprensa britânica, que os ingleses haviam ganhado a guerra e prendido o general Menéndez nas Ilhas que eles chamavam *Falklands*", diz Totti.

Müller também introduziu no jornal algo que não era comum na imprensa brasileira: o texto final de responsabilidade do repórter que assinava a matéria. Ele aboliu a figura do copidesque. Na *Gazeta Mercantil,* as matérias também começavam na primeira página e continuavam dentro, como no *Financial Times.*

"Quase não havia matérias assinadas na imprensa brasileira porque só dono de jornal achava que era importante dentro do jornal. Ele tinha medo que o repórter começasse a assinar e fazer sucesso, o que levaria o rival a contratá-lo. Teria de pagar mais ao seu funcionário ou correr o risco de perdê-lo. Müller tinha outro raciocínio: dizia que era para dar seriedade ao jornal a assinatura das matérias. Ao abolir a figura do copidesque, ele tornava o repórter responsável pelo que escrevia. Valendo-se de copidesques, os jornais mudavam completamente o texto dos repórteres por orientação ideológica, política, por interesses do jornal ou porque o jornalista não sabia escrever. Müller passou a colocar a assinatura, isso era uma exigência. Hoje, a assinatura de matérias existe em todos os jornais", comenta Paulo Totti.

Matías M. Molina, que foi correspondente em Londres e editor-chefe do jornal por muitos anos, conviveu com Müller desde 1964 na *Folha de S.Paulo*, e relata: "Müller tinha sido editor de Economia da *Folha* e foi o primeiro editor de *Expansão*, uma revista quinzenal de negócios de excelente qualidade, além de sua experiência anterior como repórter de Economia na *Folha* e na *Visão* e de uma passagem pela *Realidade*.

Estas atividades o prepararam para relançar a *Gazeta Mercantil*. Ele a tornou, pouco conhecida e de baixíssima circulação, num dos melhores jornais de economia do mundo", diz Molina. "Fez um jornal sóbrio, muito rigoroso com a precisão da informação. A partir dos anos 1970, a *Gazeta Mercantil* contribuiu para fornecer informações e análises a um empresariado que delas muito precisava. Foi importante para a informação e formação das elites do país durante muito tempo. Era o jornal em que mais confiavam.

Müller mostrou que era possível fazer no Brasil um diário de qualidade internacional, apesar da escassez de recursos."

Um dos maiores conhecedores da história da imprensa mundial, Matías Molina, autor de *Os melhores jornais do mundo – uma visão da imprensa internacional*[14], fala sobre os veículos de mídia nos quais Müller trabalhou:

"A *Visão* era uma revista quinzenal de informação geral. Consolidou-se quando deu ênfase à informação econômica e de negócios e se tornou semanal. *Expansão* tinha um modelo que foi antes implantado no México. Concentrou-se na cobertura de negócios e dava ênfase à personalidade dos empresários e executivos. A *Folha* tinha uma tradição de informação econômica que datava dos anos 1950, com a respeitada seção de Economia da *Folha da Manhã*. A *Gazeta Mercantil* criou um tipo de jornal de economia muito informativo e analítico, com obsessão pela equidistância em relação às fontes, a obrigação de ouvir sempre os diversos lados de uma questão, a preocupação de ser um jornal analítico. Uma de suas características foi a segmentação da informação e a especialização da equipe editorial. Outra, a importância dada à informação econômica internacional. Nos anos 1970 já era um jornal 'globalizado'. Em poucas palavras, o projeto *Gazeta Mercantil* sob a gestão de Roberto Müller Filho era fazer um jornal independente, confiável e rentável. Em todos os aspectos foi bem-sucedido."

Menos de cinco meses depois de ter assumido a chefia do jornal, Müller e sua equipe produziram a manchete "Especula-se em *Wall Street*", acerca da renúncia do presidente dos Estados Unidos, Richard Nixon. A *Gazeta*,

---

14. MOLINA, Matías M. *Os melhores jornais do mundo* – uma visão da imprensa internacional. São Paulo: Editora Globo, 2007.

efetivamente, mostrou a que veio: começava a implementar a sua fórmula de ouro, qual seja a de sair à frente dos outros jornais com informações que ajudassem o empresário a tomar decisões. O mundo todo viu, pela TV, a notícia da renúncia de Nixon em 8 de agosto de 1974. Não se tratava, portanto, de repeti-la no jornal na manhã seguinte.

"Era preciso fazer um retrato de maior fidelidade aos acontecimentos, entrelaçar os fatos, dizer como se comportaram os principais mercados, o dólar, as *commodities*, os efeitos imediatos, o significado para o Brasil e para a América Latina, as consequências políticas para o mundo, que vira o presidente Nixon aproximar-se da China Comunista em plena Guerra Fria", diz Claudio Lachini, outro jornalista que integrou a equipe de Müller desde os primeiros tempos da "nova" *Gazeta Mercantil* [15].

"Novamente, creio, fui guiado pela intuição, pela ideia de que tínhamos de superar a TV, ir além, dizer algo mais, refletir sobre aquele acontecimento. Ajudar o leitor a interpretar o que estava acontecendo. A noção de que as diversas mídias deveriam agir articuladamente era decorrência da intuição que tive inspirado no artigo de Levitt."

A fase inicial sob a gestão de Müller transcorreu na rua Barão de Limeira, no prédio da *Folha de S.Paulo,* onde o jornal funcionou até 1975. Mas o período forte de consolidação do prestígio da *Gazeta* se desenrolou na rua Major Quedinho, 90, no antigo prédio d'*O Estado de S. Paulo,* que abrigou a Redação até 1994.

---

15. LACHINI, Claudio. *Anábase.* História da *Gazeta Mercantil.* São Paulo: Lazuli, 2000.

Reunião de editores da Gazeta Mercantil.
Em sentido horário: Müller, Celso Pinto, Pedro Lobato, Paulo Totti, Fausto Cupertino, Klaus Kleber, Jaime Matos, Claudio Lachini, Tom Camargo, Ronaldo Campos, Sidnei Basile, Antonio de Gouveia Júnior, Glauco A. Melo de Carvalho, Frederico Vasconcellos, Valério Fabris.

INTUIÇÃO, POLÍTICA E JORNALISMO

Quando Müller assumiu o cargo de editor-chefe em 1974, a Redação estava dividida em duas alas em conflito.

"Os dois lados vieram me falar do que estava acontecendo. Um editor, quando soube que eu seria contratado, me perguntou se poderia continuar mandando. Conversei com o Luiz Fernando, fechei o acordo e ele me apresentou à Redação. Era um final de tarde, o jornal estava sendo feito. Fiz uma reunião com a equipe e disse: eu sei que há aqui uma curiosidade para saber o que penso do jornal e como ele deve ser. Eu penso o seguinte: os editores editam, os repórteres reportam e o secretário de Redação secretaria. Eu tomo as decisões. Vamos lá fechar. E fui para a minha sala."

Essa atitude firme de liderança, de quem sabe o que quer e onde pretende chegar denota um traço que Totti define como um certo "centralismo democrático, embora Müller não seja o stalinista que às vezes pensam que ele é. Müller é autoritário, mas não conheço nenhum chefe de Redação que não seja. A capacidade de liderança que ele demonstrou ao organizar a *Gazeta Mercantil* demonstraria em qualquer outra atividade a que se dedicasse e da qual gostasse. Ele poderia ter sido um político, certamente seria um político. Primeiro, Müller precisa gostar do que faz. Segundo, é preciso que isso tenha uma certa repercussão para que ele possa medir, tocar, enfim, é preciso que o fruto do seu trabalho e da sua organização seja tangível. E, o mais incrível, Müller precisa ter uma certa oposição, que transforme aquele trabalho que ele está desenvolvendo em uma batalha. Ele não gosta de trabalho

Herbert Victor Levy, que adquiriu o Boletim Diário Gazeta Mercantil em 1934.

Luiz Fernando F. Levy, que assumiu a função de principal executivo ainda na década de 1960.

Roberto Müller Filho.

Bicos de pena de Cahu.

burocrático, que não mexa com interesses. É uma coisa dialética, é assim o temperamento dele", analisa Paulo Totti, que destaca a capacidade de articulação de Müller "Ele sempre se deu muito bem com todos os outros diretores de Redação. Sem dúvida, era uma exceção."

Gouveia lembra que "Müller fez uma Redação, num primeiro momento, pela vertente comunista, e deu autonomia aos editores. Ao mesmo tempo, negociou todo o processo de lógica de poder com a família Levy, que deu autonomia à Redação. Esta, um dia, questionou por que ele estava fazendo aquele modelo de jornal. Por que um jornal de negócios? Por que todos os dias a primeira página precisava ter uma matéria de *business*? Houve uma rebelião em 1975, ainda no prédio da *Folha*. Os editores se reuniram na sala dele e o colocaram contra a parede."

Depois disso, alguns que divergiam foram saindo, aos poucos. "Alguns dos editores queriam um jornal que expressasse suas próprias opiniões. Não era o meu projeto. Outros, entre os poucos que saíram, receberam propostas que consideraram melhores e foram realizar seus projetos de vida. Alguns até voltaram depois e foram muito bem recebidos. Quanto aos propósitos de alguns de mudar o projeto de jornalismo, baseado na isenção, no pluralismo e na estética das relações, entre as fontes, os jornalistas, os leitores e anunciantes, eu não via propósito na sugestão. Como os que discordavam do modelo não haviam sido eleitos, mas nomeados por mim, com delegação dos proprietários, para fazer aquele jornal que estava dando certo, ouvi-os com atenção, mas não dei muita importância e continuei fazendo o jornal que achava certo fazer", lembra Müller.

Na Redação, a maioria dos editores já havia sido presa pela ditadura.

"Enquanto os jornalistas estavam sendo perseguidos, se houvesse dois iguais eu dava preferência para o perseguido. O nome disso é solidariedade, não é uma questão partidária", explica Müller.

"Havia um editor que tinha uma irmã desaparecida. Falei com o doutor Herbert, contei a história a ele. Disseme que iria pedir uma audiência ao general Golbery do Couto e Silva (ministro-chefe da Casa Civil do governo Geisel e considerado um dos principais estrategistas, tanto da ditadura, quanto do processo de abertura política).

Estávamos em 1975. Herbert Levy era vice-líder da Arena na Câmara dos Deputados. Golbery achava que ia ter uma conversa *off the record* com um jornalista. Mas o que me levou a Brasília foi o desaparecimento da irmã e do cunhado do editor, não se tratava de uma entrevista a um repórter. Contei ao general que o pai do editor era um intelectual judeu, que estava sendo achacado. Pela primeira vez, ficou claro para mim que havia dois grupos no golpe. Golbery ouviu irritado e me disse: 'Olha, meu filho, diga ao jornalista para me procurar. Não conte a ninguém, porque se eles souberem que eu estou sabendo, essa moça pode morrer'. O outro grupo representava o lado fascista da ditadura. A irmã do jornalista poderia já estar morta. O que eu fiz não tinha nada a ver com comunismo. Há uma coisa anterior à ideologia que é a solidariedade", diz Müller.

A Gazeta Mercantil *era um reduto de comunistas?*

"No jornal havia jornalistas perseguidos pela ditadura, talvez predominantemente gente que esteve no Partido. Mas, nenhum de nós, com cargo de chefia na Redação, era membro do PCB naquela etapa dos acontecimentos", lembra Müller.

"As pessoas eram de formação originária do Partido Comunista. Essa formação predominava na maioria das Redações. Na *Gazeta*, Müller procurou encontrar pessoas que tivessem um determinado grau de identidade e homogeneidade para formar um time de trabalho", diz Gouveia.

Müller reconhecia nos colegas que sofreram perseguição política valores que combinavam com os seus ideais de colocar em prática um projeto de jornal desenvolvimentista e contra a ditadura.

"Não eram malandros, não eram picaretas nem ladrões. Eram competentes. Não se venderiam, não iriam receber 'tocos'. Eram íntegros, incorruptíveis. Foram perseguidos porque eram incorruptíveis. Portanto, a probabilidade de que fossem corretos era maior. Tinham um ideal, queriam salvar o Brasil, acabar com a exploração. Eram todos contra a ditadura.

Esse conjunto de qualidades era indispensável para satisfazer as exigências éticas da *Gazeta Mercantil*. Estas envolviam integridade, disposição para o trabalho e aceitar ouvir as partes", detalha Müller.

Na matéria, o acusado sempre deveria ser ouvido primeiro. Müller gosta da metáfora "o jornalista é o cano que conduz a água, não a água que passa por dentro do cano", para explicar que o jornalista é quem veicula a informação, o responsável por ela, não a fonte. Assim, cabia ao repórter conduzir a história de forma equilibrada.

"Pedia-se aos jornalistas, sempre que possível, que interpretassem os fatos. Acontece que entre interpretar e opinar a diferença é um sustenido, um semitom. Portanto, era necessário um ambiente de boa-fé. O jornalista podia explicar ao leitor o que estava acontecendo, mas não podia dizer a ele o que achava. Para isso havia a página de opinião. Não podia fazer contrabando ideológico nem à direita nem à esquerda. O jornal não era instrumento de nenhuma ideologia. Para interpretar era preciso um ambiente de boa-fé e muita vigilância. Por isso havia na Redação dois leitores críticos do jornal, excelentes jornalistas, dois conservadores, ou liberais, se eles preferirem: Matías Molina e Glauco Carvalho", relata Müller.

O respeito à hierarquia era importante. Uma vez, Getúlio Bittencourt, que estava a trabalho na sucursal de Brasília, desentendeu-se com Matías Molina, que era seu superior hierárquico. Porém, Molina não queria que ele fosse demitido.

"Se você quer que o Getúlio fique, ele terá de pedir desculpas", disse Müller a Molina. "Chamamos a Ângela Bittencourt, então mulher do Getúlio, e editora de Finanças, e ela ajudou a vir de Brasília uma espécie de pedido de desculpas que o Molina aceitou. Havia poucas demissões por causa desse jogo. Era fácil entrar, mas difícil sair da *Gazeta*."

"Na lógica de poder do jornal, Müller estabeleceu com a família Levy uma forma de relação que poucos indivíduos seriam capazes de estabelecer com o proprietário de um veículo", diz Gouveia. "Ele obteve autonomia e a colocou na mão dos editores. Numa etapa seguinte, essa autonomia chegou às mãos dos repórteres que escreviam seus textos finais e os assinavam. Criou-se, então, a matéria personalizada e uma revolução na imprensa brasileira", acrescenta.

"Um dia, Henrique Araújo (diretor-superintendente) me perguntou:

– Sabe, Müller, por que você tinha autonomia?

– Era por causa dos valores da UDN, partido do doutor Herbert, da regra de ouvir as partes...

Ele respondeu em outra direção: o Luiz Fernando queria interferir, o doutor Herbert também. Então combinaram que ninguém iria interferir."

Segundo Gouveia, esse "é um dos dados que contribuíram para não ter havido interferência no jornal, mas não o único. A partir do momento em que o conjunto dos empresários começou a elogiar o veículo para o proprietário, existiu um retorno, e a família sabia que Müller estava acertando."

Credibilidade foi a grande marca da *Gazeta Mercantil*. Um fato histórico dos mais lembrados diz respeito à atitude do banqueiro Olavo Setúbal. "A *Gazeta Mercantil* é um jornal no qual dá para acreditar", disse ele em um determinado momento.

Müller relata o episódio: o banqueiro fez essa declaração quando Luiz Fernando solicitou-lhe um aporte de capital. "Dias antes, Setúbal havia pedido para o jornal não publicar uma matéria. Na época, o doutor Herbert era *chairman* do Banco Itaú e o Lísca (Luiz Carlos Levy), diretor do banco. Pediram-me para não colocar na *Gazeta* uma notícia da área de legislação. Uma empresa de tratores estava movendo uma ação contra o Itaú. Eu disse que o pedido ia contra o meu contrato de trabalho, que eu tinha sido contratado para dar notícia, não para tirar notícia. Era a maneira bem-humorada que eu tinha para sair dessas situações. Pouco tempo depois, Luiz Fernando fez a reunião com empresários para propor-lhes um aporte de capital. Estavam lá Antônio Ermírio e Jorge Gerdau, entre outros. Quando Luiz Fernando acabou de explicar, segundo me contou Henrique Araújo, o doutor Olavo disse: 'Eu não tenho relações tão próximas com nenhum jornal no Brasil quanto com a *Gazeta Mercantil*. O Herbert é nosso *chairman*, o Lísca é nosso diretor e nós temos negócios conjuntos. Não obstante, eu pedi que o jornal não desse uma notícia. Todos os jornais seguraram e a *Gazeta* publicou-a'. Aí criou-se um constrangimento. Luiz Fernando, depois me contando, pensou que não haveria mais aporte de capital diante daquela situação. Mas Setúbal disse: 'Por isso mesmo devemos participar do capital, porque esse é um jornal no qual podemos acreditar."

O código de ética da *Gazeta Mercantil* foi responsável pela credibilidade do jornal. "Você não deve escrever

INTUIÇÃO, POLÍTICA E JORNALISMO

nada contra ninguém sem ouvi-lo, ou tentar ouvi-lo, antes. Ainda que tenha que soltar a notícia em questão de minutos. Você não pode escrever uma informação sobre a qual tenha dúvidas. A *Gazeta Mercantil* adotava o critério de que uma notícia 99% certa não deveria ser publicada; era preferível levar um furo. Se a notícia estivesse errada, dizer que todos os outros jornais também tinham errado não podia ser um pretexto. A confiança que os leitores tinham na *Gazeta*, a elite do país, tinha que ser conquistada e consolidada em cada edição", explica Matías Molina.

"Outro princípio era reconhecer e retificar imediatamente qualquer erro cometido. Isso reforçava a confiança no jornal. Você tem que tentar expor todos os pontos de vista com isenção. O fundador do *Le Monde*, Hubert Beuve-Méry, dizia: 'A objetividade não existe, mas a honestidade, sim'. Esse princípio foi adotado pelo Müller na *Gazeta Mercantil*. Vale até hoje. A preocupação com a rapidez leva ao que se dizia antigamente de uma conhecida agência de notícias: 'A primeira a dar a informação e a primeira a desmenti-la', " destaca Molina.

"Dizia-se do *Financial Times* quando estava deixando de ser um jornal exclusivamente dirigido aos investidores da *city* de Londres para ter uma cobertura mais abrangente, que dava a notícia correta um dia depois de todo mundo ter errado. A *Gazeta Mercantil* fazia o possível para dar furos e antecipar-se à concorrência, mas não queria sacrificar a precisão em troca da velocidade", acrescenta.

Outro episódio histórico também teve envolvimento com um banco, conta Müller.

"Um alto funcionário do Bradesco disse que ou nós desmentíamos uma notícia ou o banco romperia com o jornal. A família Levy tinha uma empresa de reflorestamento, um negócio conjunto com o banco. Eu sabia que era um caso dramático. E o repórter era o Ottoni Fernandes Júnior, que participou da esquerda revolucionária e saíra da cadeia havia pouco tempo. A meu pedido, Ottoni me informou o nome da fonte, a quem pedi que fosse ao jornal. Lá estávamos os três. 'O senhor confirma essa informação?' 'Confirmo. Eu confirmo que falei com o repórter, mas pelo amor de Deus, não posso perder o meu emprego, eu não devia ter falado'. 'O senhor fique tranquilo', eu disse, 'que o seu nome jamais será dito'. Liguei para o Luiz Fernando, informando que a fonte foi ao jornal e que a matéria existia. Então ele teve uma grande ideia. Foi cedinho ao Bradesco falar com o Amador Aguiar, que gostava muito da *Gazeta*. Contou a ele o que estava acontecendo e disse que o jornal iria sofrer muito se as ameaças se concretizassem. Ele disse que não sabia de nada. 'Quem deu a informação?' 'Não sei', respondeu Luiz Fernando, 'o meu editor-chefe não me contou quem foi. Mas ele disse que a notícia é verdadeira'. 'Então não devia ter saído do banco', continuou Amador Aguiar. 'Mas isso não é um problema seu, é um problema do banco. Não vai acontecer nada com vocês', finalizou. E não aconteceu nada mesmo. E o Bradesco ainda reforçou seu apoio publicitário ao jornal."

Quando aceitou o convite dos Levy, Müller deixou bem claro que a condição número um era não haver interferência da família na Redação. De fato, Herbert Levy e

INTUIÇÃO, POLÍTICA E JORNALISMO

Luiz Fernando só liam o jornal no dia seguinte. As edições não passavam por eles antes de serem publicadas.

Até hoje, Müller nunca contou a Luiz Fernando Levy quem entregou ao jornal, em 1979, um documento revelando que o Brasil tinha assinado um acordo nuclear com a Alemanha. "O furo no acordo nuclear é uma ocorrência rara e preciosa. O documento chegou às mãos do secretário-geral entregue pelo editor-chefe. O secretário jamais perguntou a Müller como ele havia obtido aquela joia rara", conta Claudio Lachini em seu livro.

"A *Gazeta* foi apreendida e o doutor Herbert quase perdeu o mandato. E isso aconteceu pelo hábito de ouvir as partes. O governo soube que a matéria seria publicada porque o jornal foi ouvir o ministro das Relações Exteriores, Saraiva Guerreiro", conta Lachini. "Mas a *Gazeta* saiu, fizemos uma tramoia e as matrizes das páginas saíram pela porta dos fundos, na rua Major Quedinho, rumo às oficinas do *Estadão*, onde o jornal era impresso", relata Müller. "Um funcionário, que estava com outra cópia das matrizes, foi preso, enquanto nós conversávamos com a polícia, já no prédio do *Estadão*, ganhando tempo para os caminhões carregarem a edição e entregarem-na aos distribuidores. A parte realmente apreendida foi pequena, só nas bancas, pois a tiragem principal era destinada aos assinantes. Houve uma grande repercussão. Jornais e agências de notícias de diversos países publicaram nossas declarações sobre a violência contra a liberdade de imprensa. Isso fez o governo recuar e ninguém de nós foi punido", relembra Müller.

"O ano de 1979 foi provavelmente o 'mais quente' de toda a história da *Gazeta Mercantil*. Mas não por causa da greve. Na tarde de 21 de agosto, Müller entregou um documento oficial carimbado como 'Secreto' ao secretário-geral e pediu que um bom redator fosse escalado para fazer o texto. Era o acordo de acionistas entre a Nuclebrás e a Kraftwerk Union, constituindo a Nuclen, empresa de tecnologia e comercialização de equipamentos nucleares integrante do acordo Brasil-Alemanha", diz Lachini em *Anábase*.

O secretário-geral da *Gazeta* entregou o material a Fausto Cupertino para que redigisse a matéria, e ligou para Sidnei Basile, diretor da sucursal de Brasília, que, por sua vez, escalou Miriam Leitão, que cobria diplomacia, para entrevistar o chanceler Saraiva Guerreiro. "Miriam falou com o ministro, que nada quis declarar, mas prontamente informou ao cunhado, general Octávio Medeiros, chefe do Serviço Nacional de Informações. Estava deflagrado o processo de pressões. Luiz Fernando lembra que o general Hugo Abreu ligou para seu pai, pedindo que a matéria não fosse publicada. O ministro Petrônio Portella, idem. Na conversa entre pai e filho, recorda Luiz Fernando, este sugeriu fechar o jornal no dia seguinte caso a matéria não fosse publicada. O doutor Herbert concordou com a publicação. Seguidos os trâmites, Müller ainda discutiu com a secretaria se a matéria deveria ser manchete ou 'dobra', como se chama a segunda matéria em importância na primeira página. Decidido pela manchete, debateu-se o título, que saiu comedido, em três linhas, como já era tradição: 'O Poder de Decisão da Nuclen'. A matéria contava que, embora a Nuclebrás participasse com 75% do capital da nova empresa e designasse o seu presidente, este não tinha poder de voto e que os alemães da Kraftwerk Union, com 25% do capital, deteriam as diretorias de tecnologia e comercial, que na verdade tinham o poder de decisão. O acordo havia sido assinado em 17 de dezembro de 1975, portanto havia sido escondido da sociedade brasileira por quase quatro anos."

GAZETA MERCANTIL, PROJETO NACIONAL-DESENVOLVIMENTISTA

O projeto *Gazeta Mercantil*, a rigor, também começou a ser embalado em Ribeirão Preto, onde Müller foi criado à sombra de ideais de nacionalismo e patriotismo.

"Meu traço de patriotismo me ligou à *Gazeta Mercantil*, um projeto nacional-desenvolvimentista", repete Müller.

"Luiz Fernando queria um jornal desenvolvimentista. Eu costumava dizer a ele: faço o jornal que você quer do meu jeito. A *Gazeta* mostrou a indústria e os bancos crescendo e trouxe a burguesia para a cena.

Müller desenvolveu um projeto de poder decisivo no Brasil, que mexeu com o segmento empresarial e dele se tornou porta-voz. Foi um jornal desenvolvimentista porque naqueles anos estava acontecendo o desenvolvimento nacional", observa Gouveia.

```
BOLETIM DIARIO  DE  INFORMAÇÕES

(Confidencial e sem responsabilidade)

" G A Z E T A   M E R C A N T I L   E   I N D U S T R I A L "

REDACÇÃO:Rua da Quitanda,17-1º andar. Tel.CENTRAL 2210

CAIXA POSTAL -1165            S.P A U L O
```

SÃO PAULO,SABBO,3 DE ABRIL DE 1920.   BOLETIM Nº 1

A Bolsa de Mercadorias desta praça,festeja,hoje,o 2º anniver-
sario da sua fundação. Por esse motivo,á tarde,no vasto e confortavel
edificio onde está installada,á rua de S.Bento,será offerecida uma taça
de champagne aos snrs. corretores,directores e amigos da Casa.

RESENHA DOS MERCADOS

C A M B I O.   O mercado,hoje,nesta praça,funccionou em estado de frou-
xidão,com o bancario,sacnndo á taxa de 16 15/16.
Em Santos não houve letras.

C A F É.   O dia de hoje foi considerado feriado na Bolsa Official
de Café,em Santos,não tendo havido cotações.

```
BOLSA    DE
MERCADORIAS
```
O mercado de algodão funccionou ainda hoje,excellen-
temente firme,registando transacções,na abertura,para
quasi todos os mezes. Maio que apresentou compradores
a 45$100,teve negocios ao preço
de 45$000.Para julho,a procura cotava a 45$650,emquanto que a offerta
se manteve firme,realizando-se os negocios a este preço. Agosto tambem
apresentou vendedores a 46$000 e compradores a 45$000,com negocios á cotação dos vendedores.

No final dos trabalhos,sómente maio logrou alcançar
negocios.Foram objecto de transacções 1.000 arrobas a 45$000 e 1.000 a
44$950.

O algodão superior não foi cotado.
O disponivel,em rama,cujo mercado funccionou tambem
firme,valeu 44$000.

No mercado de feijão mulatinho,sómente o das aguas
foi elemento de negocios,no prégão da manhã,para o mez presente, a...
15$800.

O disponivel,da safra das aguas,foi cotado a 15$800,
O arroz agulha,em casca,permanece com o mercado firme,
não tendo,comtudo sido alvo de negocios.

Continúa optimamente firme o mercado de assucar crys-
tal. No inicio dos trabalhos,houve negocios,para maio,a 67$500 e 68$000.
No prégão final,os negocios effectuaram-se todos para junho,sendo nego-
ciadas 1.000 saccas a 66$500 e outra partida de 500 a 66$500.
Os demais mercados não despertaram interesse.

Circula o primeiro número da Gazeta Mercantil, *mimeografado e
confidencial, em 3 de abril de 1920.*

O jornal produzido em tipografia e impresso em máquina plana, em 1º de dezembro de 1950.

A Gazeta Mercantil *era um jornal de opinião?*

Para Müller, "a questão de ser um jornal de opinião ou de informação é um falso dilema."

"Se você faz um jornal que atende a um momento da vida econômica e política do país, se é benfeito, se é sério e independente, por si só é um jornal de opinião, embora não seja um jornal que dê palpites. O jornal tinha uma página de opinião. Eu chegava com dois assuntos, e o Luiz Fernando escolhia um deles ou indicava um terceiro, que era escrito pelo editor Klaus Kleber. O jornal, no sentido lato, refletia uma opinião desenvolvimentista e democrática. A *Gazeta* falava em nome do PIB brasileiro.

A *Gazeta* foi o primeiro jornal a ter uma seção de Trabalho, que era lida pelos empresários. Era independente, ouvia os sindicalistas, ouviu o Lula. Ele deu uma entrevista trazido pelo Ricardo Moraes, o jornalista que cobria Trabalho.

A seção de Legislação, que o Gouveia começou a fazer, a seção de Trabalho, ambas tinham a ver com assuntos às vezes indigestos para os empresários. Mas eles precisavam saber o que estava acontecendo. Nós dávamos os assuntos com total independência. Fazíamos um jornal que atendia àquele momento da economia brasileira, dos primeiros movimentos de ruptura da elite com a ditadura. A elite, que fez o golpe, começava a romper com ele. As pessoas que eu conhecia, empresários, tinham primos ou sobrinhos, conhecidos que foram presos. A economia começou a fazer água. A *Gazeta* refletia aquilo tudo e revelou líderes que não apareciam na mídia", diz Müller.

O jornal planejado por Zélio Alves Pinto é modular. Época de Hideo Onaga como editor-chefe, 1973.

O jornal, então instalado na rua Major Quedinho impresso, de cara nova, no Estadão, final de 1975.

A Gazeta Mercantil, *impressa na* Folha da Manhã s.a., *em pleno processo de modernização, 1975.*

A Gazeta Mercantil mudada, mas ainda mantém o "Resumo" na primeira página, 1990.

INTUIÇÃO, POLÍTICA E JORNALISMO

Os anos finais da década de 1970 foram determinantes para o prestígio do jornal. Em 1977, foi lançado o Fórum *Gazeta Mercantil*, constituído de empresários eleitos em votação secreta, o que os transformava em líderes. A eleição era fiscalizada pela Redação, representada por Klaus Kleber, editor de Nacional e editorialista do jornal, pelo secretário de Redação e por Claudio Roberto Gomes Conceição, chefe do Centro de Informações.

Em junho de 1978, oito membros do Fórum lançaram o "Primeiro Documento dos Empresários", rebatizado pela mídia como "Documento dos Oito", pois, dos dez líderes eleitos pelo Fórum, Amador Aguiar e Augusto Trajano de Azevedo Antunes não o assinaram. O manifesto reivindicava do regime militar a abertura econômica e política. Os economistas Luiz Gonzaga Belluzzo e João Manuel Cardoso de Mello, assessores técnicos do Fórum de Líderes, contribuíram para a elaboração do documento histórico.

DOCUMENTO DOS OITO[16]

Julho de 1978

> Há pouco menos de um ano, quando fomos escolhidos na consulta de opinião promovida pela *Gazeta Mercantil*, e divulgada por ocasião do lançamento da revista Balanço Anual, concordamos em que seria conveniente nos reunirmos periodicamente em um Fórum para debater os grandes

16. O documento (na íntegra) está disponível no *site*: <http://www.lideres.org.br/telas/documentos/default.asp?id_interno=1>. Acesso em: 03.05.2009.

problemas nacionais. Já estava claro que o momento brasileiro exigia dos empresários, mais do que nunca, reflexão sobre questões de grande amplitude. O debate sobre estas questões, porém, tende a ser ofuscado por uma conjuntura econômica e política particularmente complexa. Exatamente por isso, escolhemos tomar a perspectiva dos próximos dez anos para alinhar várias idéias sobre alguns de nossos problemas comuns e os da sociedade brasileira, para servir de subsídio a uma reflexão maior.

Na qualidade de dirigentes de empresas e, como tal, conscientes da dimensão social e mesmo política de nossa atividade, pensamos submeter nossas idéias ao exame dos vários setores da sociedade brasileira e, em especial, dos homens públicos e do empresariado. Desejamos exprimir nossa concepção sobre os rumos do desenvolvimento econômico, fundado na justiça social e amparado por instituições políticas democráticas, convencidos de que estes são, no essencial, os anseios mais gerais da sociedade brasileira. Se, porventura, as opiniões aqui expressas servirem de alguma forma para delinear os caminhos do futuro, acreditamos ter dado, ainda que modestamente, nossa contribuição de cidadãos atuantes.

I

A economia brasileira, todos sabem, sofreu em poucas décadas alterações profundas. Hoje já ultrapassamos a condição de meros exportadores de produtos primários e estamos caminhando para um estágio industrial avançado.

Nossa base produtiva abriga alguns aspectos e algumas atividades típicas de economia madura, muito embora, em conjunto, ainda estejamos sofrendo o impacto negativo de regiões atrasadas e de grandes parcelas da população ainda à margem do processo econômico. Tudo faz crer que o desenvolvimento futuro continuará fortemente determinado pelo desempenho da indústria, respaldado numa atividade primária solidamente orientada e estruturada. A convicção de que esta é uma realidade sugere que é preciso identificar as linhas mais gerais de uma política industrial capaz não só de consolidar o parque existente como de promover sua rápida diversificação. Esta é a melhor forma que vislumbramos para enfrentar de maneira adequada um quadro internacional desfavorável, cujos contornos infelizmente deverão persistir nos próximos anos.

A ênfase no desenvolvimento industrial, e sobre isso parece haver consenso, deverá repousar sobre a indústria de base. Neste sentido, cumpre hierarquizar corretamente as prioridades, abandonando objetivos inatingíveis, e executar com eficiência o programa de substituição de importações. Evidentemente, os demais setores, em especial o de bens de consumo de massa, deverão acompanhar o ritmo de expansão da indústria de base, de modo a se evitarem estrangulamentos.

Sabemos que o almejado equilíbrio entre os três protagonistas principais do processo de industrialização ainda está longe de ser alcançado. A empresa privada nacional padece de fragilidade preocupante, a empresa pública escapou dos controles da sociedade e a empresa estrangeira não está disciplinada por normas mais adequadas e claras de atuação.

A tarefa de fortalecimento da empresa nacional exige, fundamentalmente, discernimento em relação a três pontos: criação de mecanismos de capitalização, disponibilidade de tecnologia e critérios de sua absorção e uma política correta de gastos do governo e das empresas estatais.

A debatida questão da capitalização da empresa nacional, quaisquer que sejam as soluções técnicas adotadas, gira em torno da disponibilidade de fundos a longo prazo, que suportem os programas de expansão e modernização. É condição essencial para a promoção de investimentos de grande porte e longa maturação, em que as taxas de risco são maiores e os mecanismos de mobilização do capital, mais complexos, uma rearticulação entre o sistema industrial, o sistema financeiro privado e o sistema público de financiamento.

Caso contrário, é possível que venhamos a assistir à reprodução de descontinuidades no processo de investimento, ao agravamento das já inquietantes margens de endividamento das empresas privadas, tudo isso concorrendo para a perpetuação das disparidades tecnológicas e de escala da empresa nacional frente às suas congêneres estatais e estrangeiras.

Concomitantemente, persistirá o tradicional comportamento do sistema financeiro privado, aprisionado entre aplicações de curto prazo e imobilizações pouco produtivas, sem condições de assumir os riscos inerentes a um processo dinâmico de acumulação de capital.

A estas vicissitudes do sistema financeiro privado correspondem desequilíbrios do sistema público de financiamento, condenado a uma vinculação de seus fundos a programas específicos, com perda desnecessária de flexibilidade nas aplicações, ou à esterilização financeira dos recursos excedentes, quer das empresas estatais, quer dos fundos públicos.

As distorções da estrutura financeira têm outras implicações da maior gravidade. A incapacidade do sistema financeiro em prover recursos de longo prazo para um sistema produtivo conduziu à busca de fundos externos, para atender à demanda das empresas que procuravam atender as oportunidades de investimento.

O endividamento externo em grande escala, que inicialmente cumpria função não desempenhada pelo sistema financeiro nacional, com desaceleração da economia mundial e, posteriormente, da brasileira, passou a se constituir no mecanismo básico de especulação e de elevação de taxas de juros. O afã governamental de promover a entrada de empréstimos externos, para pagar os juros e amortizar o principal da elevada dívida já contraída, tem levado as autoridades a forçarem a manutenção de taxas de juros internas artificialmente altas ou, pelo menos, a não se esforçarem por lhes reduzir o nível.

Simultaneamente, o aumento sistemático das reservas cambiais, obrigando a expansão da base monetária, conduz o governo a uma política de dívida pública destinada a enxugar o dinheiro de câmbio. Com isso, os títulos públicos passam a oferecer taxas de rentabilidade cada vez mais elevadas, o que, por sua vez, vai fazendo subir o patamar da taxa de juros. Essa ciranda financeira eleva desmesuradamente os custos das empresas, constituindo-se numa das grandes fontes de realimentação inflacionária. Além de conseqüências danosas sobre os preços, esta política penaliza as exportações, ao impedir maiores desvalorizações cambiais, devido ao efeito que produziriam sobre as empresas públicas e privadas endividadas em moeda estrangeira. Isto se torna mais grave ainda se levarmos em consideração as restrições tarifárias e não tarifárias que ameaçam nossas exportações, num quadro internacional extremamente competitivo e potencialmente protecionista.

Estas distorções do sistema financeiro impedem que o Estado pratique uma política de dívida pública capaz de ajudar a sanar os problemas sociais urgentes que enfrentamos.

A reforma financeira parece-nos condição indispensável para a execução de qualquer política econômica e industrial nos próximos anos. E isto supõe uma reavaliação do papel do endividamento externo e de suas implicações no âmbito interno.

Outra questão relevante que gostaríamos de suscitar diz respeito à formulação de uma política de produção, absorção e adaptação de tecnologia. Esta política deve ser definida e implementada a partir das próprias prioridades do desenvolvimento industrial e da disponibilidade de recursos naturais. Especial atenção deve ser dirigida para a investigação de novas fontes de energia e aqui, particularmente, devem ser respeitados os critérios de nossas potencialidades naturais e humanas.

INTUIÇÃO, POLÍTICA E JORNALISMO

Complementarmente, a transferência de tecnologia requer providências de duas naturezas: em primeiro lugar, os critérios adotados pelo governo devem ser mais flexíveis, de modo a levar em conta a diversidade de situações e a experiência que os próprios empresários já adquiriram nas negociações com os fornecedores internacionais; em segundo lugar, é sabido que não se pode pensar numa política efetiva de transferência de tecnologia, sem que se regule de maneira coordenada o ingresso de capitais externos, aos quais deveriam ser aplicados critérios de seletividade, pois a simples não concessão de incentivos é insuficiente para impedir investimentos supérfluos, suscetíveis de causar sérias perturbações de mercado.

A consecução de uma política industrial que solucione as questões de homogeneização tecnológica, de escala, bem como de manutenção de níveis adequados de demanda, requer um programa de compras a longo prazo por parte do governo e das empresas estatais. As empresas públicas, em particular, devem estar subordinadas à política industrial, de modo a evitar distorções provocadas por seu comportamento descontrolado e prejudicial aos interesses maiores da economia nacional.

O outro protagonista a que aludimos, a empresa estrangeira, tem desempenhado um papel inegável na construção da economia de mercado no Brasil. E nem desejamos prescindir de sua participação no futuro. Mas já está na hora de valorizar o poder de atração do mercado brasileiro através da fixação de uma política de entrada de capitais de risco. Devemos definir com precisão regras disciplinadoras do ingresso

105

das empresas estrangeiras, a partir das conveniências nacionais, estabelecidas pela política industrial em seu conjunto. Não se trata, apenas, de estabelecer restrições, senão de oferecer princípios duradouros que permitam um convívio proveitoso para a Nação entre os parceiros, salientando-se o caráter complementar da contribuição estrangeira ao nosso próprio esforço de desenvolvimento nacional.

Finalmente, julgamos necessário chamar a atenção para o problema do estímulo à pequena e média empresa, base da livre iniciativa. É certo que a política governamental neste campo exige esforços redobrados, tanto no que diz respeito à disponibilidade de recursos suficientes para expansão e modernização quanto no que se refere a apoio tecnológico e assistência técnica direta. Seria conveniente um exame da possibilidade de se dilatarem os prazos de recolhimento dos impostos indiretos, para minorar suas carências de capital de giro, agravadas neste momento pelas altas taxas de juros.

A efetivação de uma política industrial, nos moldes que estamos preconizando, supõe uma participação ativa do empresariado em sua elaboração. Os órgãos encarregados de sua formulação deverão abrigar representação dos industriais, que poderão assim emprestar sua experiência e conhecimento no desenho das grandes linhas daquela política, ainda que não interferindo nas decisões administrativas.

A execução desta política tem como pressuposto um comportamento da agricultura capaz de respaldar o crescimento industrial, quer do ponto de vista do fornecimento de insumos e alimentos, quer pela provisão de divisas, quer pela ampliação dos mercados de trabalho e consumo, quer como base de apoio para a agroindústria. Em outras palavras, esperamos que a agricultura mantenha o bom desempenho do período de industrialização.

No entanto, como industriais, reconhecemos que as tarefas futuras da agricultura exigirão cuidados muito maiores. As políticas de crédito, de preços e de abastecimento de insumos têm revelado caráter imediatista, levando o produtor à incerteza e introduzindo pressões desnecessárias sobre o custo de vida. A ausência de uma infra-estrutura de armazenagem e escoamento das safras, capaz de evitar a perpetuação de oscilações violentas de preços, agravadas pela ação de estruturas de comercialização inadequadas, compromete a renda do produtor e a regularidade da oferta. Já é hora de incorporar os autênticos representantes do meio rural na formulação de uma política agrícola capaz de garantir não só a expansão do abastecimento interno como também de evitar políticas inadequadas na comercialização externa das safras.

II

Por estarmos abordando alguns aspectos do que nos parecem ser problemas básicos da Nação, não poderíamos omitir a importante questão social. Todos sabemos que o processo de desenvolvimento econômico convive com desigualdades sociais profundas. Sabemos também que as origens destas desigualdades são remotas e de natureza diversa. Mas devemos admitir que sua presença na cena brasileira se tornou crítica, pondo em risco, a longo prazo, a estabilidade social e exigindo, de imediato, soluções compatíveis com as exigências de uma sociedade moderna.

Qualquer política social consequente deve estar baseada numa política salarial justa, que leve em conta, de fato, o poder aquisitivo dos salários e os ganhos de produtividade médios da economia. A partir deste patamar, poder-se-ia, então, atender às diferenças setoriais, abrindo espaço para a legítima negociação entre empresários e trabalhadores, o que exige liberdade sindical, tanto patronal quanto trabalhista, e dentro de um quadro de legalidade e de modernização da estrutura sindical.

Não basta, porém, no quadro brasileiro, a implementação de uma política salarial compatível. É necessário que o Estado enfrente as carências gritantes em matéria de saúde, saneamento básico, habitação, educação, transportes coletivos urbanos e de defesa do meio ambiente. Não desconhecemos as dificuldades que se antepõem à resolução desses problemas, nem mesmo ignoramos que exigem prazos relativamente longos. Por isso mesmo, a necessidade de se ampliar a escala dos investimentos públicos nesta área. A magnitude dos recursos exigidos para consecução deste programa requer, pelo menos, providências em duas direções: revisão do sistema tributário, combinada com um manejo adequado da dívida pública, e racionalização do gasto público.

A revisão do sistema tributário deve estar concentrada em dois pontos: tornar mais equânime o imposto de renda das pessoas físicas, taxando progressivamente as rendas de capital e reavaliar os incentivos fiscais de modo a carrear recursos para áreas mais prioritárias que algumas das atendidas na legislação atual.

A dívida pública é um instrumento válido de capitação de recursos, desde que seja manejada com critérios apropriados, diferenciando-se as taxas de juros em benefício dos títulos públicos de prazo mais longo. Não se trata de carrear em grande escala recursos adicionais para o Estado, senão de reaproveitar os recursos financeiros já existentes de forma mais produtiva, retirando a dívida pública do emaranhado especulativo em que se encontra.

Quanto à racionalização do gasto, é notório que há muito a fazer na direção de um emprego mais produtivo e eficiente dos dinheiros públicos, quer estabelecendo prioridades mais refletidas, quer conferindo maior austeridade à gestão do Estado.

No quadro das desigualdades não pode ser omitida a situação das regiões menos desenvolvidas. Neste caso, as políticas de desenvolvimento regional colocadas em prática necessitam urgente revisão. São flagrantes as distorções que engendraram, desconsiderando o aproveitamento adequado da agricultura, deixando de lado as exigências de emprego e dando mesmo margem ao surgimento de empresas industriais baseadas em incentivos permanentes.

Os gastos sociais podem servir de apoio para a recuperação plena da economia, iniciando um novo período de expansão, desde que, é verdade, sejam solucionados concomitantemente os problemas financeiros que mencionamos. A subida criteriosa dos salários reais significará um alargamento de mercado para o setor produtor de bens de consumo; e o programa de investimentos públicos em infra-estrutura urbana terá um poderoso efeito dinamizador sobre a indústria de bens de produção, levando à absorção de sua capacidade ociosa e, em seguida, reativando os investimentos privados e proporcionando a criação de empregos na proporção exigida pelo crescimento demográfico.

III

Acreditamos que o desenvolvimento econômico e social, tal como o concebemos, somente será possível dentro de um marco político que permita uma ampla participação de todos. E só há um regime capaz de promover a plena explicitação de interesses e opiniões, dotado ao mesmo tempo de flexibilidade suficiente para absorver tensões sem transformá-las num indesejável conflito de classes: o regime democrático. Mais que isso, estamos convencidos de que o sistema de livre iniciativa no Brasil e a economia de mercado são viáveis e podem ser duradouros, se formos capazes de construir instituições que protejam os direitos dos cidadãos e garantam a liberdade.

Mas defendemos a democracia, sobretudo, por ser um sistema superior de vida, o mais apropriado para o desenvolvimento das potencialidades humanas. E é dentro desse espírito, com o desejo de contribuir, que submetemos nossas idéias ao debate do conjunto da sociedade brasileira, em especial, de nossos colegas empresários e dos homens públicos.

Assinaram o documento os empresários:

Antônio Ermírio de Moraes	Laerte Setúbal Filho
Cláudio Bardella	Paulo Vellinho
Jorge Gerdau	Paulo Villares
José Mindlin	Severo Fagundes Neto

Belluzzo, em entrevista à *Gazeta Mercantil* de 12 de abril de 2004, perguntado sobre qual tinha sido a sua participação na elaboração do documento, disse que "a história começa poucos anos antes, quando Roberto Müller Filho assumiu a direção da *Gazeta Mercantil* e fez as modificações editoriais no jornal, tal como é hoje."[17]

Segundo Belluzzo, Müller "foi também o pai do Fórum de Líderes da *Gazeta Mercantil* e do 'Documento dos Empresários', com a cooperação ativa do Luiz Fernando Levy, proprietário do jornal, e de Henrique Alves Araújo, diretor da *Gazeta Mercantil*."

Na matéria, Belluzzo disse ainda que "a sociedade brasileira já vivia a promessa da 'distensão, lenta, gradual e segura' do general Ernesto Geisel, que foi feita aos solavancos." Lembrou que houve o retrocesso do "Pacote de Abril" de 1977, quando Geisel fechou o Congresso Nacional, e outros incidentes que ameaçaram a abertura, a exemplo da morte do jornalista Vladimir Herzog, em outubro de 1975, assassinado sob tortura. As

---

17. *Gazeta Mercantil.* "Quando a burguesia resolveu falar", por Otto Filgueiras.

ameaças eram claras, estavam concentradas no ministro do Exército, general Sylvio Frota, que foi demitido por Geisel no dia 12 de outubro de 1977. Foi nesse clima que o documento foi definido, quando o professor João Manuel Cardoso de Mello e eu éramos assessores técnicos do Fórum de Líderes Empresariais da *Gazeta Mercantil*, que foi imaginado como um ambiente de debate e de proposição dos empresários a respeito de questões políticas e econômicas. O documento é a conclusão de um processo de debates e entrevistas que fizemos com os dez líderes eleitos pelo Fórum da *Gazeta Mercantil* e nossa participação foi meramente de veicular e consolidar a opinião das lideranças, que se encaminharam, quase todas, na direção da necessidade de se concluir o processo de abertura para o Brasil voltar ao Estado Democrático de Direito."

O "Documento dos Oito" foi crucial para pressionar a ditadura militar, tanto que poucos meses depois, em 1979, o AI-5 foi revogado, vieram a lei da anistia e a abertura. Um episódio marcante, nesse sentido, é revelado pelo jornalista José Antonio Severo, que na ocasião dirigia a *Gazeta Mercantil* no Rio de Janeiro.

"Diretor da *Gazeta Mercantil* era um eufemismo para o cargo de chefe da sucursal, com poderes um pouco acima de chefe da Redação, pois respondia pela totalidade da operação. Nessa época, cerca de 90% do governo brasileiro ainda funcionava na antiga capital. Com isso, nosso chefe, Roberto Müller Filho, seguidamente viajava à 'Velhacap' (como a denominava o cronista Ibrahim Sued)

INTUIÇÃO, POLÍTICA E JORNALISMO

para contatos com autoridades e empresários da cidade. Era normal ficarmos especulando com fatos prováveis e improváveis, dentre os quais a solidez da ditadura militar, então comandada pelo general Ernesto Geisel.

Müller costumava dizer, quando lhe questionavam sobre a linha do jornal: 'Procuramos informar, objetivamente, mostrando os dois lados da notícia. Somos a favor da economia de mercado e da democracia; contra a guerra, o racismo...' e alinhava algumas outras aberrações da humanidade.

Quanto à economia de mercado, não havia problemas. Nosso jornal, perfeitamente isento, era uma ferramenta para os negócios. Já a democracia parecia-nos além de um horizonte longínquo. Müller às vezes sonhava em voz alta: 'O que aconteceria se um dia, sem aviso, aparecessem na rampa do Palácio do Planalto os esteios da nação (e citava alguns nomes: Magalhães Pinto, o doutor Herbert, Trajano Antunes, Olavo Setúbal, Amador Aguiar) e pedissem uma audiência ao presidente dizendo que traziam uma proposta de redemocratizar o país?'

Meses depois, Müller apareceu com a solução, promovendo uma eleição direta dos líderes empresariais do Brasil. O resultado foi acachapante, pois nenhuma das lideranças institucionais (presidente da CNI, Fiesp, etc.) figurou entre os escolhidos. Dos dez líderes, dois não assinaram o documento.

A repercussão da reunião-almoço promovida pela *Gazeta* para anunciar o resultado foi tremenda. Sem que se suspeitassse do teor do documento, a censura não se movimentou e saiu tudo na imprensa no dia seguinte. O Jornal Nacional, da TV Globo, deu uma matéria de dois minutos e meio, um espaço descomunal naquele tempo.

No dia seguinte, voltando ao Rio, fui ao BNDE (então sem o s de social) ter com seu presidente, Marcos Vianna. Ele era um jovem quadro da tecnocracia brasileira, fonte da *Gazeta*, oferecendo-nos informações e comentários que eu publicava, invariavelmente 'em *off*', atribuindo a 'uma alta fonte do BNDE' ou de uma entidade do setor financeiro, e que todo o mundo sabia quem era, embora seu nome nunca aparecesse. Era tão notório, que certa vez saiu uma matéria com suas análises, sem citar a fonte, na primeira página, com seu bico de pena. Foi o primeiro bico 'em *off*' da imprensa internacional.

Marcos estava excitado. Ele era democrata, não aceitava plenamente a ditadura a que servia. Assim que me sentei à sua frente, me disse: 'Parabéns, vocês derrubaram a ditadura'. Fiquei perplexo com a declaração. Nem respondi, e ele emendou. 'Vocês quebraram uma perna do tripé. Agora vem abaixo'. Como eu continuasse em silêncio, procurando entender, ele completou: 'A ditadura sustenta-se num tripé: militares, tecnocratas e empresários. Os empresários saíram. Vai adernar'.

Ou algo assim (adernar – não foi 'cair' que ele disse, mas com a mão parecia mostrar um plano se inclinando, como se fosse um barco a naufragar pelo costado).

Fiquei exultante. Saí dali e liguei para o Müller. Tempos depois, os empresários foram a Brasília levar o documento, realizando o sonho de Müller. De fato, logo em seguida

Na Gazeta Mercantil, com o ministro da Fazenda, Karlos Rischbieter (1979-1980), e o editor Fausto Cupertino.

caiu o Frota (general Sylvio Frota, ministro do Exército) e a ditadura começou a fazer água até naufragar."

ENTRE OS SETE PRINCIPAIS JORNAIS DE ECONOMIA DO MUNDO

Em 1979, a *Gazeta Mercantil* foi reconhecida pela revista norte-americana *Fortune* como um dos sete principais jornais de economia do mundo. O título da reportagem era "The Best of the Rest". Na parede da sala de reunião do jornal, no prédio da rua Major Quedinho, havia um quadro com a reprodução da matéria, que orgulhava a todos os jornalistas da equipe.

A tiragem da *Gazeta*, na época, era de 22,5 mil exemplares, lembra Gouveia. A lista abria com o japonês *Nihon Kenzai Shimbun*, com seus impressionantes três milhões de exemplares diários. "A *Gazeta* foi listada entre os melhores pelo padrão de qualidade editorial, pela excelência, mas a revista *Fortune* mencionava também a tiragem", acrescenta Gouveia.

Os sete classificados pela *Fortune* eram: *Nihon Kenzai Shimbun,* Japão; *The Wall Street Journal,* Estados Unidos; *Financial Times,* Grã-Bretanha; *Handelsblatt,* Alemanha; *Il Sole 24 Ore,* Itália; *The Australian Economic Review* e *Gazeta Mercantil.* Embora houvesse jornais de economia na França, Holanda, Suécia, Canadá, no México e na Argentina, nenhum deles foi mencionado.

EM 1987, PRÊMIO MARIA MOORS CABOT

No dia 29 de outubro de 1987, cinco meses após ter voltado para o jornal, em seguida à sua saída do Ministério da Fazenda, onde foi chefe de gabinete do ministro Dilson Funaro, Müller, já vice-presidente da *Gazeta Mercantil,* e Paulo Sotero, correspondente em Washington, foram agraciados com citações especiais na entrega do prêmio *Maria Moors Cabot,* atribuído a jornais e jornalistas do continente americano que tenham contribuído para a liberdade de expressão e informação. O presidente do grupo, Luiz Fernando Levy, recebeu a distinção conferida pela Universidade de Colúmbia, dos Estados Unidos, por indicação da sua Escola de Pós-Graduação de Jornalismo.

A concessão do prêmio foi justificada nos seguintes termos[18]: "desde sua fundação, há 67 anos, a *Gazeta Mercantil* evoluiu de um boletim diário mimeografado para transformar-se na mais prestigiosa publicação financeira do Brasil. Seu crescimento é, em grande parte, devido a Herbert Victor Levy, um empresário brasileiro que comprou a *Gazeta,* e a seu filho Luiz Fernando. Em 1973, eles tomaram a decisão de transformar a *Gazeta Mercantil* no principal jornal da América Latina dedicado à cobertura do mundo dos negócios e dos assuntos políticos e econômicos. Hoje, a *Gazeta* tem uma circulação diária de 120 mil exemplares e é o único jornal no Brasil impresso

---

18. LACHINI, Claudio. *Anábase,* p. 92.

Com o diretor presidente da Gazeta Mercantil, Luiz Fernando Levy, e o correspondente em Washington, Paulo Sotero, na solenidade de entrega do prêmio Maria Moors Cabot, *recebido pelo jornal em 29 de outubro de 1987, Nova Iorque.*

THE TRUSTEES OF COLUMBIA UNIVERSITY
IN THE CITY OF NEW YORK

KNOW ALL PERSONS BY THESE PRESENTS THAT

GAZETA MERCANTIL

HAS BEEN AWARDED

THE MARIA MOORS CABOT PRIZE

IN WITNESS WHEREOF WE HAVE CAUSED THIS CERTIFICATE TO BE
SIGNED BY THE PRESIDENT OF THE UNIVERSITY
AND OUR CORPORATE SEAL TO BE HERETO AFFIXED
ON THE TWENTY-NINTH DAY OF OCTOBER IN THE YEAR OF OUR
LORD ONE THOUSAND NINE HUNDRED AND EIGHTY-SEVEN

ACTING PRESIDENT

Diploma do prêmio Maria Moors Cabot, *a maior láurea do jornalismo nas Américas, recebida em 1987.*

simultaneamente em cinco cidades diferentes, abrangendo todo o território daquele grande país. Além disso, a *Gazeta* publica uma edição semanal em inglês, que circula nos Estados Unidos e na Europa, o que faz dela um jornal verdadeiramente internacional, mas, ao mesmo tempo, peculiarmente brasileiro."

"Pessoalmente", disse Müller na ocasião, "recebo este prêmio também como uma homenagem a todos os colegas que, no Brasil, procuram fazer um jornalismo independente, em que a verdade que vale não é a verdade do dono do jornal, nem a do anunciante ou de grupos econômicos, nem a do governo ou a do próprio jornalista, mas sim a verdade dos fatos, que é a única que interessa ao leitor e à democracia."

Molina foi feliz na definição de que a *Gazeta Mercantil* já era um jornal "globalizado" décadas atrás. Era, como frequentemente se dizia, o *The Wall Street Journal* ou o *Financial Times* brasileiro. Nos bicos de pena o jornal poderia até se assemelhar ao jornal de economia e negócios norte-americano, mas o projeto concebido por Müller seguia outras ideias.

A Gazeta Mercantil *foi uma adaptação tropicalizada do modelo do* Financial Times, *passando pela variante do* The Wall Street Journal?

"A inspiração nos dois jornais foi algo para dar a impressão aos empresários que a burguesia nacional tinha história", confessa Müller. "De fato, o que a *Gazeta* fez foi aproveitar a experiência dos dois jornais por meio de acordos editoriais. Porque ficava claro, e eu já sabia, que o capitalismo não é uma coisa estadual, regional ou nacional. O capitalismo é mundial. Foi por isso que a *Gazeta* tinha uma seção de *commodities*, magnificamente conduzida pelo Molina, que influía no mercado porque dava as cotações da Bolsa de Chicago."

O bico de pena, desenho reproduzindo fotos, na Gazeta, era uma mera cópia do The Wall Street Journal?

"Não", apressa-se Müller. "Inauguramos o bico de pena com o Chico Caruso e o Laerte porque eu achava que o jornal não tinha que ter fotografias, como as revistas."

Graças à visão cosmopolita do comando da Redação, sempre ligado às tendências da mídia internacional, e percebendo que havia, no exterior, um público ávido para entender o que se passava na economia e na política brasileiras, a *Gazeta Mercantil* realizou dezenas de seminários em capitais da Europa, no Japão e nos Estados Unidos, e criou a *Gazeta Mercantil International Weekly Edition*, conhecida internamente pelo apelido carinhoso de "*Gazetinha*". Nos seminários, com auditórios lotados, circulavam densos relatórios (cadernos especiais) sobre os temas em discussão.

"Müller criava produtos e os 'vendia' aos donos do jornal com uma capacidade impressionante", destaca Paulo Totti. "Na época em que ele entrou na *Gazeta*, propôs ao doutor Herbert fazer um jornal influente, independente, importante e, se possível, lucrativo. Ao dizer que queria fazer um jornal importante e influente, Müller queria

Caricatura de Paulo Lyra, presidente do Banco Central e a festa dos operadores na época da "ciranda financeira", por Chico Caruso.

O ministro Reis Velloso ouve a confissão de um empresário do setor de autopeças, por Laerte.

A crise do petróleo em 1979, por Chico Caruso.

INTUIÇÃO, POLÍTICA E JORNALISMO

trazer os anúncios das grandes empresas (atas, avisos, balanços, todos obrigatórios), aproveitando o *boom* capitalista. A importância da publicação na *Gazeta Mercantil* satisfazia a necessidade jurídica da obrigatoriedade. Passou a ser importante publicar no jornal."

"Hoje todos os jornais disputam o mercado de balanços, atas, avisos, convocações. A publicação de balanços é obrigatória. Müller transformou o que era obrigatório em institucional. Para o anunciante, o espaço era vendido na base de um jornal de credibilidade. O argumento era que as empresas deveriam ter seu balanço publicado num jornal de credibilidade porque ele iria se beneficiar da companhia da parte noticiosa, que tinha credibilidade", comenta Paulo Totti.

Ele lembra da preocupação de Müller com a qualificação dos anunciantes. À influência e à importância do jornal correspondia um custo mais elevado da publicidade em relação aos concorrentes. Porém, os profissionais da área não estavam acostumados a vender anúncios em um jornal de economia, principalmente na *Gazeta*.

"Como o Müller fez para contornar essa situação? Ele colocou jornalistas para dirigir a área de publicidade. Isso significava um sacrifício para o jornalista, mas assegurava independência do noticiário diante da influência comercial do anunciante. E também fazia com que o jornalista pudesse, chefiando, fazer a cabeça dos publicitários. Qual é o problema? É que os publicitários trabalham muito na base do custo por milheiro. Para eles o que conta é o número de leitores, a circulação. Com base nisso o mídia de uma agência, aquele que faz a programação, decide para onde vão os anúncios. O mídia tem uma fórmula e resiste a pensar de forma diferente, como na importância da qualificação do leitor. Até hoje é um problema dos jornais de economia fazer com que as agências de publicidade usem o veículo para vender, por exemplo, canetas *Montblanc*, gravatas de grife e todos os produtos refinados que o *The Wall Street Journal* tem como anunciantes. Müller conseguiu fazer com que a *Gazeta Mercantil* tivesse uma independência noticiosa do anúncio", diz Totti.

A ESQUERDA NAS REDAÇÕES BRASILEIRAS

O jornalismo, tal como exercido por Roberto Müller, foi uma continuidade da sua militância no Partido Comunista? Quando interrompeu a militância e abraçou o jornalismo foi buscar a realização daquilo em que acreditava?

Gouveia, amigo de Müller e testemunha dos principais momentos do jornalista à frente da *Gazeta Mercantil* e no gabinete de Funaro, não tem dúvida:

"A formação ideológica dele estava dada. Ainda que não estivesse mais na condição de militante formal do Partido, continuou detentor da visão de que era necessária uma revolução que industrializasse e urbanizasse o país, que colocasse a burguesia industrial e urbana à frente dos setores rurais mais atrasados, para que fosse possível realizar um processo de modernização do Brasil.

Na hora de lançar um modelo de jornal na linha do *Financial Times*, não havia quadros conservadores capazes de levar adiante o projeto. Os jornalistas que foram para a *Gazeta Mercantil,* em geral eram procedentes de Redações de esquerda dos mais diferente veículos. Um dos poucos que não era de esquerda e teve um papel de destaque no jornal foi Matías Molina, um liberal. Naquela Redação da *Gazeta Mercantil,* no mínimo, um terço já tinha sido preso. Os jornalistas eram de diversas tendências da esquerda", lembra Gouveia. Em outras Redações aconteceu o mesmo fenômeno.

"Os jornalistas de esquerda eram mais bem informados, tinham grande interesse pela leitura e eram muito atentos ao que estava acontecendo. Até por serem questionadores eram obrigados a procurar se informar melhor, porque eles combatiam uma verdade estabelecida. Quem estava a favor dessa verdade se acomodava à situação", diz Totti.

"A ditadura levou ao acirramento de posições políticas contra o sistema, mas não necessariamente os jornalistas vinham de formação no Partido Comunista. Alguns diretores de Redação com os quais eu trabalhei não eram de origem esquerdista. A ditadura os transformou", acrescenta.

CAPÍTULO 4

A *Gazeta Mercantil* na TV:
Crítica & Autocrítica

O objetivo era angariar recursos para lançar e divulgar a Revista *Balanço Anual* a um número maior de leitores, além de alavancar sua imagem entre anunciantes e publicitários. "Tínhamos enorme dificuldade nisso porque já existiam dois títulos tradicionais no mercado: *Quem é Quem*, do grupo Visão, e *Maiores e Melhores*, da Editora Abril", lembra Müller.

Essa seria a função inicial do programa Crítica & Autocrítica, da *Gazeta Mercantil*, que marcou a TV brasileira por ter debatido os principais temas políticos e econômicos da década de 1980 e revelado o que pensavam as lideranças do país.

Fruto desse acaso, o programa, que inicialmente se limitaria à pequena série "Os Empresários", não só financiou a campanha publicitária do *Balanço Anual* como ficou no ar durante mais de uma década e alavancou a criação de uma área de conteúdo de televisão e rádio, com programas em Brasília, São Paulo e Porto Alegre.

"A campanha publicitária para lançar a revista era muito cara e eu propus, em uma reunião de diretoria, que seria interessante comprar um horário na televisão e realizar cinco programas da *Gazeta Mercantil*. Poderíamos até vender os programas para pagar os custos", conta Müller.

Patrício Bentes, gerente comercial, que participava da reunião, apressou-se a colocar em prática a ideia e ligou para a TV Bandeirantes, que se interessou pela iniciativa. "Marcamos um almoço com a cúpula das duas casas num restaurante da avenida Faria Lima. Lá ficou decidida a data do primeiro programa. Eu queria contratar um apresentador, mas não dava tempo, estávamos a duas semanas da estreia. Finalmente, gravamos o primeiro da série, com grande dificuldade." Do primeiro programa sobre "Os Empresários e o Poder" participaram o ex-ministro Mario Henrique Simonsen e os empresários Antônio Ermírio de Moraes e José Mindlin. Müller entrevistou os convidados juntamente com Sidnei Basile, editor-chefe do jornal, Tom Camargo, diretor da sucursal de Brasília, e Hélio Gama Filho, diretor em Porto Alegre.

O primeiro Crítica & Autocrítica foi ao ar na segunda-feira, 10 de agosto de 1981, às 23 horas, em cadeia nacional. Conforme previra, os cinco programas se realizaram e deram uma boa receita para o jornal. "Cobramos um preço elevado dos anunciantes, os mesmos que já anunciavam na *Gazeta*", recorda Müller.

O sucesso do Crítica era explicado, na ocasião, por ser um programa sério, que preencheu uma lacuna na televisão ao debater temas de interesse da sociedade em plena

Barba e cachimbo, nos primeiros tempos do "projeto" Gazeta Mercantil.

ditadura. "Para a *Gazeta*, o Crítica foi de grande importância, porque quando o programa dava traço de audiência, na média eram 3 a 4 pontos, isso significava algumas vezes a tiragem do jornal, que chegou a 130 mil exemplares fora a venda em bancas, na época em que eu saí da *Gazeta*, no final de 1985, para assessorar o ministro Dilson Funaro no Ministério da Fazenda. Crítica & Autocrítica foi muito importante para o prestígio do jornal e para elevar a tiragem. Foi, também, a primeira experiência do que depois seria chamada de multimídia. Pusemos no ar jornalistas que não eram de vídeo, mas entendiam de conteúdo."

Depois dos cinco programas iniciais, a TV Bandeirantes e a *Gazeta* renegociaram o contrato em outras bases, o Crítica continuou e virou um "produto." Ia ao ar às segundas-feiras, às 23 horas. Passou a ser transmitido aos domingos, às 22 horas, a partir de 1982.

Da história do Crítica ficaram na memória de Müller lembranças como a frase do doutor Ulysses: "É uma moeda de troca ser convidado a ir ao programa", em alusão à importância que o programa adquiriu.

"Fiz uma série chamada 'Os Políticos e os Empresários' com a participação de Leonel Brizola e Darcy Ribeiro. Como sempre, no final, eu queria saber qual era a autocrítica do convidado", conta Müller.

"Darcy olhou para a câmera e disse: 'Olha, eu tenho sim uma autocrítica. Eu era muito jovem, chefe da Casa Civil do presidente João Goulart. Não percebi o que estava acontecendo e ajudei a radicalizar e a precipitar o golpe de Estado'. Jânio Quadros foi umas três vezes ao

INTUIÇÃO, POLÍTICA E JORNALISMO

programa e confessou que o que fez de errado foi ter sido muito austero. Tancredo Neves foi entrevistado umas duas vezes. Numa delas, quando era governador de Minas, disse que não seria candidato a presidente e que o seu candidato seria Ulysses Guimarães. Reforcei a curiosidade com a pergunta: 'O senhor não é candidato?' E ele me respondeu: 'Não. Mas se eu fosse, e não gosto de raciocinar sob hipótese, claro que o Ulysses votaria em mim, eu votei nele tantas vezes.' "

Um dos programas foi ao ar mostrando o embate, que começou já nos bastidores, entre os dois ex-ministros, Roberto Campos, do Planejamento, e Severo Gomes, da Indústria e Comércio. Foi um ponto alto do Crítica & Autocrítica, recorda Müller. "No dia seguinte, ligou-me José Guilherme Merquior (diplomata e intelectual) dizendo que um episódio de deglutição como aquele lembrava a história contada sobre a deglutição de dom Pero Fernandes Sardinha pelos índios caetés, referindo-se à nítida vantagem de Campos sobre Severo no debate.

Tempos depois, o programa promoveu outro debate, desta vez entre Roberto Campos e João Manuel Cardoso de Mello, em que houve espantosa supremacia de João Manuel. A tal ponto que o programa ficou conhecido como 'a volta do Zorro'.

Durante muitos anos o cenário do Crítica foi exatamente como Müller queria, 'uma coisa provecta'. Tanto que as pessoas se lembram do homem do cachimbo, da lareira e da biblioteca. Eu queria que o programa parecesse uma conversa informal, sem a cara de televisão."

Uma das principais revelações da *Gazeta* na TV foi a jornalista Lillian Witte Fibe, que ancorou o Crítica por algum tempo, editou e apresentou 7 Minutos e Dinheiro, ainda como editora de Agropecuária, Matérias-Primas e Commodities do jornal. Cada vez mais à vontade no vídeo como repórter e comentarista econômica, Lillian consolidou-se, mais tarde, como âncora e editora do *Jornal da Globo*, apresentadora do *Jornal Nacional*, editora-chefe e âncora[19] do telejornal do SBT. Ela também fez reportagens externas sobre economia para a TV Globo na época da hiperinflação. Teve uma carreira bem-sucedida na televisão, embora antes de começar na *Gazeta Mercantil*, logo depois da entrada de Müller, vinda da *Folha de S.Paulo* e ainda "foca"[20], nunca houvesse pensado em ser jornalista de economia e muito menos de televisão.

"A televisão não estava no meu horizonte. Aliás, não estava também a economia. Comecei a trabalhar em Educação, sonhava em fazer Política. Ninguém me dava vaga em Política, todo mundo precisava de jornalista em Economia. Fui parar na *Gazeta* sem saber nada do assunto. Entrei nessa área por causa da crise. E só comecei em televisão por essa coisa paralela, porque televisão não era o coração da *Gazeta*, nunca foi. O Müller me inventou", confessa Lillian.

---

19. Segundo o dicionário *Houaiss*, "profissional de jornalismo televisivo que centraliza a emissão nos noticiários, cuidando pessoalmente ou participando da elaboração do texto das informações e apresentando-as, frequentemente com comentários opinativos."
20. Jornalista novato, repórter sem experiência na profissão.

"Ela estava em licença-maternidade, na fase de aleitamento, quando a convidei para fazer um piloto do programa Dinheiro. Eu não a deixava ler no *TelePromp-Ter*[21], preferia que falasse de improviso. Ela saía da *Gazeta* correndo, me ligava e dizia o que ia falar", lembra Müller.

Lillian gravou muito bem na memória o telefonema de Müller convocando-a a pilotar o programa de quatro minutos, em 1982. "Eu estava em licença-maternidade da minha segunda filha e voltaria a trabalhar na segunda-feira. Ainda estava gorda, com permanente no cabelo porque era mais prático, dando de mamar em casa, com a cabeça completamente desligada de assuntos de trabalho. Tocou o telefone e era o Müller: 'Eu preciso que você aceite o seguinte convite.' Quando o Müller falava assim a gente sabia que não podia dizer não. A *Gazeta Mercantil* ia estrear, na parceria com a Bandeirantes, o programa Dinheiro, de quatro minutos, de segunda a sexta, ao vivo. Müller me avisou que eu falaria de improviso porque não era locutora de televisão e dominava os assuntos. A ordem era, na reunião de edição da *Gazeta*, às 5h30 da tarde, anotar o que os editores 'vendiam' para a primeira página e fazer a minha seleção de notícias. Na época, ninguém na televisão dava a cotação do dólar no câmbio negro, e era óbvio que as pessoas se interessavam muito pelo assunto. Eu dava o fechamento do mercado financeiro e as principais notícias que estariam na *Gazeta* no dia seguinte. Na

---

21. Equipamento acoplado às câmeras filmadoras que exibe o texto a ser lido pelo apresentador.

TV ninguém fazia isso. Disso eu me lembro bem porque depois, quando comecei a ser reconhecida na rua, as pessoas me olhavam e diziam: 'Você não é a moça do dólar?'

A minha leitura dos acontecimentos interessava às pessoas no auge da recessão e da inflação. As pessoas se refugiavam no dólar. Embora o programa tivesse uma audiência baixa, pegava bem o público da *Gazeta Mercantil* e o que estava acordado àquela hora, por volta de uma da madrugada."

Lillian descreve sua maratona diária naquela época: "Chegava às duas da tarde ao jornal, ia à reunião de editores, selecionava as notícias para o programa e fechava minhas três editorias: Agro, Matérias-Primas e *Commodities*. Saía do jornal, na Major Quedinho, no horário do fechamento, por volta das 9 horas da noite, e ia para casa, no Itaim Bibi. Dava de mamar, me trocava e ia para o Morumbi, na Bandeirantes. Ficava lá esperando para entrar no ar à uma e tanto da manhã. Foi assim que comecei na televisão. Tudo foi uma invenção do Müller.

Ele deve ter achado que eu perguntei bem em alguns Crítica & Autocrítica, que às vezes contava com a participação de jornalistas da *Gazeta* que o ajudavam a entrevistar.

Do ponto de vista da televisão, não tinha nada de mais, era quase um programa de rádio. A não ser a arte que a gente colocava lá com os números de apoio. Quatro minutos sem intervalo, sem ler", explica Lillian. "A Varig foi o primeiro patrocinador, disso eu me lembro bem. Naquela época, a Varig estava no auge.

O negócio da televisão estava dando certo e a *Gazeta* começou a bolar filhotes, entre eles o programa Dinheiro, que foi um parto, com muito sofrimento. Eu tremia como vara verde, da cabeça aos pés. Na minha estreia, a Bandeirantes preferiu gravar o programa. O assistente de estúdio, estando tudo pronto, eu já maquiada, disse: 'Olha, nós vamos começar a gravar, se você errar, vá direto, porque acabado o tempo de estúdio temos de entregá-lo a outra pessoa'.

Não adiantou nada me deixarem gravar. Comecei mais nervosa ainda, eu tremia muito", relata Lillian.

"Mais tarde, quando surgiu o 7 Minutos, a apresentação era aos domingos, e consistia em focalizar a agenda da semana. Eu fazia uma projeção do que iria acontecer."

Com a sua ideia de segmentação, Müller traçou um plano de multimídia já na década de 1980. "Hoje, todo mundo fala de multimídia, mas na época não havia internet. Pouca gente na TV ouvia os telespectadores, que faziam pergunta por telefone, e o Crítica fez isso", diz Lillian. "O programa tinha interatividade e especialização. Isso tudo é mérito do Müller. Ele teve uma visão de conjunto, soube se cercar de pessoas boas e leais. A gente se matava de trabalhar e todo mundo queria que o jornal desse certo. Vestíamos a camisa da *Gazeta*. Isso tudo é por causa de uma liderança e, ao mesmo tempo, porque tínhamos um chefe exigente. Ninguém mais, de todos os que cercaram o Müller, conseguiria fazer o que ele fez na *Gazeta Mercantil*", sustenta Lillian.

CAPÍTULO 5

Com Funaro em Brasília.
Plano Cruzado, moratória

"Ponha aqui um diplomata para assessor de imprensa porque diplomata sabe guardar segredo, é educado,
preparado e não tem compromisso com nenhum jornal
quando sair do ministério. Irá cuidar apenas dos interesses do Estado, não terá de fazer média com nenhum
jornal." (Roberto Müller)

Desde que Müller conheceu Dilson Funaro, quando
cobria pela *Folha* temas econômicos e empresariais, estava praticamente selado o rumo que ele começara a traçar
para a sua vida lá na Ribeirão Preto de sua juventude.

"Müller se identificou com Funaro naquilo que ele trazia
desde Ribeirão Preto, a vontade de materializar um projeto
nacional, que, na trajetória brasileira, dentro da tradição do
Partido Comunista, incluía um processo de participação
da burguesia nacional", comenta Gouveia, que foi assessor
legislativo no Ministério da Fazenda, à época.

"Na gestão Funaro, Müller via a oportunidade de dar andamento a uma visão nacionalista em termos econômicos, o que se realizou com o Plano Cruzado, que, num primeiro momento, parecia ter equacionado a situação econômica do país, parecia ter resolvido o problema da inflação com um processo de distribuição de renda. Isso correspondia à visão do Müller do que um governo progressista, de esquerda, deveria fazer: atender à demanda das classes populares em termos de distribuição de renda, fazendo isso de uma tal maneira que ampliasse o mercado interno. Seu crescimento atendia à demanda da burguesia nacional, que poderia levar adiante um processo de expansão da economia com a incorporação econômico-política das classes populares. Numa primeira fase, o Plano Cruzado fez distribuição de renda. Numa segunda etapa, o grau de demanda por mercadorias, porém, foi superior à produção e o Plano fez água. Mas o saldo desse processo todo permitiu, tempos depois, aos economistas da equipe formular o Plano Real em 1994."

Funaro foi uma das figuras fortes na vida de Müller, como as de Ribeirão e da Baixada Santista. "Engenheiro, bom pianista, democrata, progressista, nacionalista, tinha uma visão de Brasil e de desenvolvimento econômico. Era contra a ditadura e admirava Juscelino Kubitschek. A visão política dele tinha raízes no governo Juscelino, como o projeto para o Brasil de realizar cinquenta anos em cinco. Funaro acreditava na revolução nacional burguesa, um estágio necessário para o desenvolvimento econômico. Ele era daquele grupo em ascensão de jovens empresários do departamento de economia da Fiesp. Interessava-se muito por assuntos econômicos, tinha uma militância político-empresarial", relata Müller.

Segundo semestre de 1985, primeiro ano do governo Sarney. Funaro era presidente do BNDES e fora escolhido para o cargo pelo ex-presidente Tancredo Neves, que morreu antes de tomar posse. Era sábado, e Funaro reuniu em sua casa, em São Paulo, Müller e os economistas Luiz Gonzaga Belluzzo e João Manuel Cardoso de Mello, os mesmos integrantes de seu gabinete nas secretarias estaduais do Planejamento e da Fazenda na gestão de Abreu Sodré.

"Havia rumores de que Francisco Dornelles iria deixar o Ministério da Fazenda. E Funaro queria conversar conosco porque havia algum indício de que poderia ser convidado para a Fazenda", conta Müller, que era diretor da *Gazeta Mercantil*.

"No dia seguinte, domingo, Funaro jantou com Sarney. Havia outros candidatos ao cargo, entre eles Olavo Setúbal (que já era chanceler). Na segunda-feira, Funaro ficou trancado o dia todo em sua sala no BNDES, em Brasília. Teve a confirmação de que tinha sido indicado para o cargo de ministro indo de carro para o Palácio do Planalto a convite do presidente Sarney. Ouviu a notícia na Voz do Brasil. João Manuel falou com Ulysses e o Partido do Movimento Democrático Brasileiro – PMDB – apoiou a indicação de Funaro, que não pertencia a partido algum. Ele recebeu o apoio por suas posições políticas e por causa das relações estreitas que Belluzzo e João Manuel tinham com o doutor Ulysses. Eu tinha um relacionamento lateral, porque não era da militância do PMDB. Mas todos éramos amigos de Ulysses Guimarães.

Fomos para a posse. Luiz Fernando e eu cumprimentamos Funaro. Na saída do ministério, José Serra, que era secretário estadual do Planejamento, pediu-me para esperar no saguão, enquanto se aproximou Carlos Alberto Sardenberg, que era assessor de imprensa do João Sayad, então ministro do Planejamento. Ao mesmo tempo, Luiz Fernando me disse que estava voltando para São Paulo e que eu ficaria para ir no dia seguinte. Foi aí que se deu um 'sequestro', com toda aquela movimentação ao meu redor. Comecei a pressentir que Funaro me chamaria para o seu gabinete. Ele me disse, depois, que eu seria o assessor de imprensa do Ministério da Fazenda. Eu não queria, minha vida era a *Gazeta Mercantil*, pela qual tinha um amor profundo, uma dedicação de 14 a 15 horas por dia à Redação. Enfim, fiquei para o jantar no dia da posse. Na primeira vez, Funaro me falou que eu seria assessor de imprensa, depois, chefe de gabinete. Não podia sequer dizer que não gostaria de aceitar o convite, pois estava no jantar, com muita gente. Funaro me disse para ficar e conversarmos no dia seguinte. Mas eu já tinha tomado a decisão de não aceitar o convite e de voltar para São Paulo, temendo que o segundo convite fosse irresistível. Quando estava acordando, no Hotel Nacional, tocou o telefone. Era o Dilsinho, filho do Funaro.

– Você vai falar com o papai, não?

– Vou.

– Estamos passando aí no hotel.

Na conversa eu disse não. Voltei para São Paulo, entrei na minha sala, meia hora depois o Luiz Fernando chegou e disse que o Funaro estava me pedindo emprestado.

– Você disse não, não é?

– Não, eu não posso dizer não ao ministro, ele é nosso amigo. São só seis meses – reagiu Levy.

Eu sabia que a história de apenas seis meses era mentira. Isso aconteceu numa sexta-feira. Eu era casado com a Tânia e não tinha falado com ela sobre o convite. Chamei-a para jantar, mas antes disso, quando entrava no elevador para ir ao meu encontro, ficou sabendo pela Lillian Witte Fibe, então editora da *Gazeta*, que eu tinha sido nomeado, porque o Funaro dera entrevista em Brasília falando da composição do gabinete.

"Parabéns, seu marido é o chefe de gabinete do ministro da Fazenda", disse Lillian a Tânia.

Foi o meu primeiro problema. Tânia entrou na minha sala, na *Gazeta Mercantil,* e disse que era contra, a última a saber. Fomos todos almoçar no domingo, Tânia e meus três filhos, no Rubayat da Faria Lima. Naquele fim de semana, a *Veja* deu matéria com fotos da equipe do Funaro. Por acaso, me encontrei com o José Roberto Guzzo, que era diretor de Redação da revista e meu amigo e disse a ele, brincando:

– *Veja* errou. Eu não sou o chefe de gabinete.

– Mas o Funaro declarou – contestou Guzzo.

Eu ia jantar, no mesmo domingo, com o Luiz Fernando, depois do Crítica, que tinha como convidado Abílio

Diniz. Meus três filhos, no almoço, disseram que eu deveria aceitar. No jantar com o Luiz Fernando, conversamos e eu aceitei ir para Brasília, mas com a condição de que o Sidnei Basile acumulasse todas as minhas funções até eu voltar. Sidnei foi convocado na segunda-feira. Fui para Brasília e assumi a chefia de gabinete no dia seguinte, uma terça-feira."

"O BRASIL DEVE MUITO E PRECISAMOS CONVERSAR OLHO NO OLHO"

Uma das primeiras missões de Müller como chefe de gabinete foi preparar uma viagem de Funaro aos Estados Unidos, para reuniões com Jacques De Larosière, diretor-geral do Fundo Monetário Internacional – FMI –, Paul Volcker, presidente do *Federal Reserve* – FED –, James Baker, secretário do Tesouro e com o senador democrata Ted Kennedy.

O embaixador brasileiro em Washington era Sérgio Corrêa da Costa, e a ele Müller pediu que cuidasse do agendamento das reuniões com a cúpula econômica dos Estados Unidos. A delegação, que se hospedaria na residência do embaixador do Brasil, incluiria, além de Dilson Funaro, o embaixador Álvaro Alencar, assessor internacional da Fazenda, Fernão Bracher, presidente do Banco Central, Belluzzo e Müller.

"O diálogo foi engraçado e se prolongou desde o Brasil até que chegamos à embaixada. Foi uma longa e árdua negociação, o primeiro bailado diplomático que vi

INTUIÇÃO, POLÍTICA E JORNALISMO

Funaro fazer, sabe Deus de onde ele o tirou, pois nunca fizera diplomacia."

Corrêa da Costa disse a Müller que teria o maior prazer em marcar as reuniões, mas confessou a dificuldade em conseguir isso "porque essa gente tem uma agenda muito cheia."

"Pergunte ao ministro o que ele quer tratar nas reuniões", disse o embaixador a Müller.

Funaro queria que Corrêa da Costa dissesse aos seus interlocutores que o objetivo do encontro era "olhar nos olhos deles." "Eu mesmo já estava achando insólito dizer isso, mas Funaro repetiu: 'Diga que o Brasil deve muito e precisamos conversar olho no olho'. Imagine a perplexidade do embaixador. Ele conseguiu marcar uma entrevista com o Volcker e com o Baker, mas estava difícil agendar o encontro com De Larosière. Este aceitaria almoçar com o ministro no FMI juntamente com a missão responsável pelo Brasil no Fundo, o que era praxe. Mas Funaro não aceitou. 'A missão do Fundo conversa com o Fernão, eu converso com o De Larosière, Baker e Volcker', reiterou."

Já em Washington, a embaixatriz Zazi Aranha ofereceu um coquetel de boas vindas, enquanto as malas eram arrumadas nos quartos reservados à comitiva do ministro. O diplomata e ex-ministro da Indústria e Comércio, Sérgio Amaral, que na época servia na embaixada em Washington, participou das negociações naquela noite com assessores do diretor do FMI.

"Funaro disse: 'Se é praxe almoçar com a missão do Fundo, diga a ele que escolha um restaurante e eu pago'.

O embaixador voltou ao telefone e falou com o assessor de De Larosière. Corrêa da Costa estava visivelmente aliviado, porque o número um do FMI aceitou almoçar com Funaro sem a missão, mas o ministro teria de recebê-la para um café ao final do almoço, no Fundo. 'Diga ao embaixador que eu recebo a missão para o café de pé, cumprimento-os e vou embora, sem interlocução', sentenciou Funaro, segundo relato de Müller, que estava presente à conversa do ministro com Volcker.

"O governo militar tinha feito um acordo informal com o FMI, e Funaro dizia que o Brasil não iria ao Fundo. Ele costumava repetir essa frase: 'Vocês criaram uma estratégia de convivência com a crise e eu estou oferecendo uma estratégia de saída da crise. Meu país não pode fazer uma recessão, nós acabamos de sair de uma ditadura, as instituições estão muito fracas e nós não resistiremos'.

Ele repetiu isso para o Volcker, que lhe disse: 'Mas vá ao Fundo, coloque em cima dele, que tem as costas largas'. Funaro se levantou e fez uma pergunta incômoda: 'O senhor sabe quem pagou a minha passagem?' Volcker olhou-o perplexo. 'Foi o povo brasileiro'. Houve um mal estar e o Álvaro Alencar fez uma *boutade,* mudou-se de assunto, todos se sentaram de novo e a conversa continuou informal", lembra Müller.

Ele acompanhou Funaro em quase todas as viagens internacionais na renegociação da dívida, por isso conhece melhor o histórico da moratória que o do Plano Cruzado. "Além disso, eu era muito favorável à moratória. Achava que ela deveria ter sido feita junto com o Cruzado."

INTUIÇÃO, POLÍTICA E JORNALISMO

Os preparativos para uma eventual suspensão de pagamentos da dívida externa incluíram a ida do economista Paulo Nogueira Batista Júnior, do Ministério do Planejamento para a Fazenda. Belluzzo, Álvaro Alencar e ele, com a ajuda de Müller, começaram a fazer as reuniões iniciais.

Müller relata: "Funaro não queria a moratória, queria renegociar a dívida. Eu o acompanhei a Washington, Londres, Paris e Colônia para negociar com os ministros da Fazenda, e todos pediam para o Brasil ir ao Fundo. Ele repetia: 'Vocês criaram uma estratégia para uma convivência permanente com a crise e eu vim propor uma estratégia de saída da crise'. Fernão Bracher tampouco queria a moratória, até que houve uma espécie de ataque especulativo e as reservas caíram para o nível alarmante de US$ 4 bilhões.

Naquele tempo, era segredo saber do nível das reservas. Quatro ou cinco fontes do Banco Central mandavam informações para o presidente da instituição, que as repassava ao ministro da Fazenda e este ao presidente da República. Funaro não foi informado sobre as reservas naquele dia. Houve um coquetel, no qual estavam Fernão Bracher e o general Leônidas, ministro do Exército. Fernão contou a ele sobre a queda das reservas, antes de informar a Funaro. No dia seguinte, Jorge Murad, que era secretário particular de Sarney, ligou para o Belluzzo, para o João Manuel e para mim convidando-nos para um jantar no Palácio da Alvorada. Eu não queria ir. Funaro não havia sido convidado. Já havia marcado outro

Charge de Cahu, em 13 de junho de 1986 que alude à probidade da equipe de Funaro. Da esquerda para a direita: João Manuel Cardoso de Mello, Dilson Funaro, Roberto Müller Filho e Luiz Gonzaga Belluzzo. O ministro brincava dizendo que nenhum funcionário se havia sequer trocado o sofá da sala.

compromisso, mas ele nos obrigou a ir, e no jantar fiquei sabendo como foi decidida a moratória. Na verdade, a ausência de Funaro do jantar nunca ficou completamente esclarecida para mim.

No jantar, já à mesa, Sarney disse que estava muito triste com Funaro porque soube da queda das reservas. E anunciou o que seria feito: 'Não podemos deixar chegar a esse ponto, temos de suspender o pagamento'. Eu ainda ponderei: 'Mas presidente, o senhor sabe que o presidente do Banco Central é contra'. 'O Bracher é criatura do Funaro, quem pariu Mateus que o embale. Vocês têm 15 dias para suspender os pagamentos', ordenou. Dissemos a Sarney que havia risco de sequestro de bens do Brasil no exterior, como os aviões da Varig. E ele respondeu com a seguinte frase: 'Não acontecerá nada, o rio São Francisco continuará correndo na mesma direção.'

Müller fora convidado para o jantar por interferência do jornalista Getúlio Bittencourt, licenciado da *Gazeta Mercantil* e porta-voz do presidente. Getúlio aconselhou Sarney a convidar Müller porque ele não era do PMDB, ao contrário dos outros dois assessores: Belluzzo e João Manuel.

"Saímos do jantar com aquele imbróglio", conta Müller. "Como dizer para Funaro que haveria 15 dias para uma decisão daquela envergadura? Houve uma prorrogação desse prazo, mas, ainda assim, tudo foi muito rápido. No dia seguinte, João Manuel, Belluzzo e eu combinamos várias versões para contar a Funaro, com medo que ele deixasse o ministério. O ministro ouviu o que dissemos e foi para uma cabine, dentro de seu gabinete, onde havia um telefone para ligações diretas com o presidente da República. Falou com Sarney e, em seguida, pegou sua pasta e se dirigiu ao Planalto. Eu o acompanhei, fiquei na sala de espera. À saída, ele me perguntou: 'Müller, onde está o Paulinho?' Foi quando percebi que ele decidira suspender os pagamentos da dívida externa. Funaro chamou Paulo Nogueira Batista Júnior, Álvaro Alencar e Belluzzo. Começou aí a contagem dos 15 ou 21 dias para a moratória, não me lembro bem o prazo exato. Quem sabia tudo sobre a situação da dívida e as simulações de diversos modelos de negociação eram o Paulinho, assessor de Funaro, Belluzzo e Álvaro, com minha ajuda."

Na década de 1980, a América Latina vivia duas crises: a política, em função da transição de regimes militares para a democracia; e a econômica, por causa da enorme dívida externa acumulada na década anterior e a consequente explosão inflacionária.

"Tecnicamente, não se tratava de uma moratória, mas sim de uma suspensão unilateral das remessas de divisas, até que todos os envolvidos se sentassem à mesa de negociação. Portanto, não havia precondição.

Havia um sujeito no governo dos Estados Unidos, uma espécie de pombo-correio, que pediu ao Funaro, embora ele sempre negasse que iria fazê-lo, que, se o Brasil fosse suspender o pagamento da dívida, pelo menos ligasse para o Volcker um minuto antes para combinar o *day after*. Antes disso, houve uma reunião do Conselho de Segurança Nacional. Num dos dias que antecederam o anúncio da moratória, Getúlio Bittencourt me ligou, dizendo que estava com o discurso do presidente e que lá constava que a moratória duraria noventa dias. Eu disse não, não é isso. Corri até o Funaro, que ligou para o Sarney para dizer que não se podia estabelecer prazo, pois tudo viraria uma brincadeira, o prazo anularia a validade do ato. Começou, depois, uma renegociação paralela da dívida externa."[22]

Para Müller, a moratória, decretada em 20 de fevereiro de 1987, foi um dos episódios mais marcantes em sua passagem pelo gabinete do ministro Dilson Funaro. A atividade de chefe de gabinete, ele descreve, "era uma espécie de ralo por onde passava toda a água, suja e limpa. Funaro não gostava muito das questões administrativas. Cuidava do Banco Central, da Fazenda, da Receita e do Banco do Brasil. Dos demais despachos nos ocupávamos João Batista de Abreu, secretário-geral, eu e outros assessores. Mas cabia a mim receber os empresários e levar quase todos os processos para despachar com o ministro. João Batista, que era meu superior hierárquico, chegava ao cúmulo de me entregar papéis dele para eu despachar com Funaro."

---

22. Em artigo intitulado "O perigo de não decidir", publicado pelo jornal *O Estado de S. Paulo* em 27 de janeiro de 2008, o ex-presidente José Sarney diz: "Duas decisões em crises que se tornaram agudas foram dolorosas: o Cruzado Dois e a Moratória. Quanto ao primeiro, segui todas as minhas regras e decidi errado. Até hoje me arrependo dela, depois de ter sofrido seus efeitos. A outra foi uma necessidade sem remédio: não tínhamos dinheiro para pagar a dívida e nossas reservas davam apenas para dois meses de importação. Decretei a moratória. Hoje, com a visão do tempo, mudei meu ponto de vista. Acho que foi certa. Não chegamos ao abismo da Argentina: a bancarrota."

Presidente José Sarney dá o breque da moratória. A seu lado, o presidente da Volkswagen, Wolfgang Sauer, por Laerte.

Toda essa confiança e o clima de camaradagem que existia entre os integrantes da equipe do ministro da Fazenda não evitaram que Müller se sentisse melindrado por ocasião do Plano Cruzado, de cujas reuniões e confabulações não foi convidado a participar. "Participei apenas da primeira, logo no começo, na casa de Funaro em Brasília, quando, na presença dos ministros da Fazenda e do Planejamento, os economistas da equipe econômica ouviram e discutiram uma exposição de Pérsio Arida e André Lara Rezende sobre um *paper* que eles fizeram e que ficou conhecido como Larida." Era preciso fazer algo, havia uma ameaça de greve geral, os militares estavam inquietos.

"Fiquei sabendo que o Plano estava sendo conduzido com o maior segredo por causa da inconfidência de um jornalista amigo meu, que soube do assunto por um dos pouquíssimos integrantes de reuniões secretas que se davam na casa do Bracher, acho que às quartas-feiras à noite. Havia uma data para o anúncio do Plano, antes de março, tinha de ser antes da data da greve. Fiquei muito triste e magoado. Fui ao Funaro e disse: 'Ministro, tome cuidado porque estão vazando esta coisa secreta que vocês estão fazendo na casa do Bracher.' 'Quem te falou?', perguntou. Eu não disse. Soube que na reunião seguinte Funaro comentou o vazamento e reiterou à equipe a necessidade absoluta do sigilo. Os militares ficaram perplexos quando souberam que se estava fazendo um plano secreto daquela magnitude."

O Plano Cruzado foi anunciado em 28 de fevereiro de 1986. As medidas de estabilização econômica traziam uma nova moeda, o cruzado, em substituição ao cruzeiro, e congelavam salários e preços de produtos e serviços. Foi estabelecido, também, o gatilho salarial cada vez que a inflação ultrapassasse 20%. O governo extinguiu a correção monetária e criou o Índice de Preços ao Consumidor – IPC para corrigir a poupança e as aplicações financeiras.

No início, o Plano Cruzado levou ao aumento do poder aquisitivo da população. A inflação, que no primeiro ano do governo Sarney havia chegado a 225%, em pouco tempo caiu para 2%. O clima era de euforia. Porém, quatro meses depois surgiram indícios de que o Plano estava adernando, em função do aumento do consumo, da incapacidade do parque industrial de atender às demandas e do boicote de produtores e comerciantes.

As mercadorias desapareceram das prateleiras dos supermercados e os fornecedores passaram a cobrar ágio. A inflação, então, voltou a subir. Em 21 de novembro de 1986, seis dias após as eleições para a Assembleia Nacional Constituinte e para os governos estaduais, que deram enorme vitória ao PMDB (22 dos 23 governadores e uma numerosa bancada no Congresso), o governo Sarney anunciou o Plano Cruzado II, que provocou aumento generalizado de preços.

Passaram-se 23 anos desde aquele pacote econômico, e Müller está convencido de que foi "tolice ficar magoado. Eu não tinha por que participar das reuniões do Plano Cruzado. Porém, na época decidi que iria sair do ministério e disse isso ao Funaro. Ele ficou muito constrangido. Voltei para São Paulo depois do anúncio das medidas.

Já demissionário, viajei com o ministro, que participaria de um Crítica & Autocrítica conduzido pela Lillian Witte Fibe, que me substituiu. Fomos juntos à TV Bandeirantes, onde Funaro me fez um convite pessoal para eu viajar com ele aos Estados Unidos. Quando as malas estavam passando na esteira, no aeroporto em Nova Iorque, Funaro me disse: 'Esta cidade me traz muitas lembranças. Quando eu fiquei doente, vim me tratar no Memorial Hospital. Li muita literatura de consultório e aprendi que há uma estreita ligação entre o estado de amargura, a tristeza, o distúrbio psicológico, a alma e esta doença (câncer linfático), há uma correlação estatística. No meu caso, não tenho dúvida de que foi por isso. Eu tenho ideia de quando começou. Estou te vendo muito amargurado e me sinto culpado.' Aí caiu a ficha. Funaro me pediu para ficar e eu fiquei. Só saí do ministério um dia depois dele."

Como chefe de gabinete, Müller não tinha relação com a imprensa, tarefa que coube ao diplomata Marco Antonio Diniz Brandão. "Fui quem aconselhou Funaro a chamar Marco Antonio por sugestão do embaixador Samuel Pinheiro Guimarães, que era chefe da Divisão Econômica para a América Latina do Ministério das Relações Exteriores. Eu disse ao ministro: 'Ponha aqui um diplomata para assessor de imprensa porque diplomata sabe guardar segredo, é educado, preparado e não tem compromisso com nenhum jornal quando sair do ministério. Irá cuidar apenas dos interesses do Estado, não terá de fazer média com nenhum jornal.'

Müller ponderou a Funaro que não poderia ser seu assessor de imprensa porque estava licenciado da *Gazeta Mercantil*. "Aliás, tratei mal o jornal, não dava uma notícia. A Cláudia Safatle (que era editora em Brasília) não me perdoa até hoje por ter sido furada no anúncio da moratória. Ela havia ouvido rumores, perguntou-me e eu neguei. Afinal, tecnicamente não era uma moratória, era a suspensão unilateral de remessas de divisas até que novas negociações permitissem ao Brasil respirar. Eu tinha relação pessoal com alguns jornalistas, mas não com a imprensa. Acompanhava Funaro nas entrevistas, acompanhei-o em quase todas as viagens internacionais na fase da renegociação da dívida, daí porque conheço melhor a moratória do que o Plano Cruzado."

PREPARAÇÃO PARA CRIAR O MERCOSUL

O início do governo Sarney, em 1985, marcou a volta de governos civis na América Latina. Brasil e Argentina decidiram acelerar seu processo de integração bilateral, que começou com a assinatura da Declaração de Iguaçu. Esta previa a distensão nuclear entre os dois países e um programa de integração comercial e econômica, que evoluiu para a criação do Mercosul, em 1991.

Entre 1986 e 1987, período rico da aproximação entre Brasil e Argentina, que envolveu a elaboração do Programa de Integração e Cooperação Econômica, mais tarde consolidado pelo Tratado de Cooperação e Desenvolvimento, Müller participou ativamente de reuniões, envolvendo o Ministério da Fazenda, o Itamaraty e autoridades argentinas, para negociar o pacto bilateral.

Na opinião do embaixador Samuel Pinheiro Guimarães, Müller "foi o principal responsável por tornar viáveis as negociações que levariam à assinatura do Programa de Integração e Cooperação Econômica entre o Brasil e a Argentina, o qual, por sua vez, seria a base indispensável do Tratado de Integração Econômica Brasil–Argentina e, mais tarde, do Tratado de Assunção, que criaria o Mercosul."

Müller era um entusiasta da integração, e conta que "as exposições de motivos, que deram andamento a isso tudo, eram secretas." "Samuel Pinheiro Guimarães escreveu boa parte dos atos assinados pelos presidentes Sarney e Alfonsín", diz.

Sobre o papel de Müller nesse processo, Pinheiro Guimarães relata: "Como chefe de gabinete do ministro Dilson Funaro, ele compreendeu de imediato o alcance da estratégia de integração Brasil–Argentina e da sugestão de negociar com as autoridades argentinas um conjunto de medidas sobre liberalização comercial progressiva e sobre a cooperação complementar em setores como bens de capital, ciência e tecnologia e infraestrutura. À época, Roberto Müller convocou Luiz Gonzaga Belluzzo, secretário de Política Econômica, José Tavares de Araújo, secretário executivo do Conselho de Política Aduaneira, Roberto Fendt, diretor da Carteira de Comércio Exterior – Cacex, Carlos Eduardo de Freitas, diretor da Área Externa do Banco Central, e Álvaro Alencar, secretário de

Assuntos Internacionais do Ministério da Fazenda, para uma primeira reunião em seu gabinete, em que se examinou a estratégia de negociar, de forma cooperativa e confidencial, as medidas que seriam anunciadas, somente depois de acordadas entre os dois países."

Por que a participação da Fazenda era tão importante?

Explica o embaixador: "O processo de integração econômica é, em uma primeira etapa, essencialmente um processo de negociação da eliminação de tarifas e restrições não tarifárias e, em uma segunda etapa, de harmonização de tributos, tais como impostos sobre a renda, a circulação de mercadorias, a produção, o trabalho. Também ocorre, na segunda fase da integração entre as economias dos países envolvidos, a harmonização de políticas agrícola, industrial, de transportes e de crédito. Isso tudo é importante para unificar as condições de intervenção do Estado em duas ou mais áreas geográficas distintas que decidiram integrar suas economias.

Portanto, tendo em vista a sua competência em matéria de tributos, sem a cooperação e a participação ativa do Ministério da Fazenda (e de diferentes órgãos de sua estrutura) se torna difícil, e talvez até mesmo impossível, implementar com êxito qualquer projeto de integração econômica, ainda que ela se restrinja à área tarifária."

Longe da Redação da *Gazeta Mercantil*, Müller se embrenhava nos rituais diplomáticos de reuniões de negociação, em que o sigilo e a confidencialidade são requisitos opostos à função do jornalista em sua tarefa de dar "furo", de antecipar a informação aos leitores. Trata-se, porém, de um parêntese na vida do jornalista. E como ele não só acreditava, como defendia aquele ideal da política externa brasileira de realizar a integração entre o Brasil e a Argentina, tal como havia ocorrido entre a França e a Alemanha, que iniciaram o que hoje é a União Europeia, Müller dava passos seguros na chefia de gabinete do ministro Funaro, participando de uma agenda diplomática movimentada.

Samuel Pinheiro Guimarães diz que "após várias reuniões em Buenos Aires, na Quinta Avenir, e no Brasil, em Itaipava, Rio de Janeiro, definiu-se o texto do Programa de Integração e Cooperação Econômica Brasil–Argentina e de seus dez protocolos anexos, que viria a ser assinado solenemente, em Buenos Aires, em 1986, pelos presidentes Raúl Alfonsín e José Sarney. Foram assim lançadas as bases sólidas do centro da política externa brasileira que tem de ser, necessariamente, a América do Sul, região que partilhamos com outros doze países, tendo fronteiras com dez deles."

"O Programa de Integração e Cooperação", explica, "levaria ao Tratado de Integração Brasil–Argentina, que definia um projeto de desenvolvimento econômico a partir da integração dos sistemas produtivos industriais. As ideias-chaves desse Programa de Integração Brasil–Argentina eram o equilíbrio dinâmico, a participação empresarial, o gradualismo. O Mercosul viria, por outro lado e mais tarde, a ser um projeto de concepção neoliberal de integração apenas comercial, apenas um instrumento para acelerar a redução geral de tarifas dos dois países em relação ao mundo, em um processo que se chamou de 'regionalismo aberto."

Samuel conheceu Müller em 1974, por intermédio de Sidnei Basile, "na época jovem e experiente jornalista, encarregado de abrir em Brasília a sucursal da *Gazeta Mercantil*. Müller era, então, vice-presidente executivo da *Gazeta* e foi, nessa função, o principal responsável pela criação do primeiro jornal econômico moderno no Brasil."

O embaixador recorda que, "em 1985, quando Roberto Müller foi convidado pelo ministro Dilson Funaro para chefiar seu gabinete, ele era Chefe de Divisão da Aladi – Associação Latino-Americana de Integração, à época uma das menos prestigiadas no Itamaraty, devido ao impasse em que se encontravam os processos de integração regional."

"À época, em novembro de 1985", continua Samuel Pinheiro Guimarães, "o presidente José Sarney e o presidente Raúl Alfonsín haviam se reunido em Foz do Iguaçu e lá assinado uma importante Declaração no contexto de uma iniciativa de aproximação dos dois governos civis relativamente frágeis em processo de consolidação política. Em consequência dessa Declaração, uma importante missão argentina veio ao Brasil. Durante as reuniões com essa missão, chefiada pelo embaixador Jorge Romero, e da qual participava o arquiteto Carlos Bruno, argentino de notável visão estratégica, ficou clara a oportunidade que se abria para um processo de integração e de cooperação entre Brasil e Argentina. Essa oportunidade era tão mais importante na medida em que os governos Alfonsín e Sarney sucediam a longas ditaduras militares. As suas políticas externas ainda se ressentiam das disputas em torno de Itaipu e do aproveitamento dos recursos hídricos da Bacia do Prata."

Na opinião de Samuel Pinheiro Guimarães, "todas as ideias que surgiram na época, a partir da Declaração de Iguaçu, poderiam ter ficado, como tantas outras declarações do passado, apenas no papel, não fosse a ação decisiva de Roberto Müller para garantir o início de um processo que, superando dificuldades e crises, mudanças de governos e de políticas, permitiu tornar realidade, com todas as suas imperfeições, o sonho de uma maior e mais profunda integração sul-americana."

De acordo com o embaixador, "em cada momento das negociações que levariam à assinatura do Programa a ação de Roberto Müller foi indispensável para obter a aprovação do saudoso ministro Dilson Funaro, e a cooperação dos diferentes organismos administrativos do Ministério da Fazenda para a difícil implementação das decisões de remoção gradual dos obstáculos ao comércio bilateral, utilizando os mecanismos da Aladi."

Transcorridos mais de vinte anos daqueles momentos históricos no governo Sarney, o embaixador Samuel Pinheiro Guimarães continua convencido de que "na América do Sul, as relações do Brasil com os países do Mercosul são vitais. No Mercosul, nossas relações com a Argentina, com quem partilhamos um passado de disputas, um presente misto de admiração e rivalidade, o futuro é de união inevitável. A importância do Brasil para a Argentina e da Argentina para o Brasil se revela pelo comércio bilateral, que passou de us$ 2 bilhões em 1986 para us$ 30 bilhões em 2008 e em que 90% são produtos manufaturados, e por uma gama de investimentos recíprocos nos dois países. Também é importante o amplo conjunto de obras de infraestrutura e uma estreita coordenação política no âmbito regional, interamericano e internacional, em foros como a Unasul – União de Nações Sul-Americanas –, a OEA – Organização dos Estados Americanos –, a OMC – Organização Mundial do Comércio –, o G-20, o FMI e as Nações Unidas."

"Novamente, a questão da intuição guiou-me para levar e defender junto a Funaro as ideias da necessidade da aproximação entre Argentina e Brasil, não só para fortalecer os laços de dois países egressos de regimes autoritários, rumo à democracia, mas, principalmente, porque achava necessário, como Samuel me ensinara, que o Brasil contribuísse para a futura criação de um bloco econômico na América do Sul, nos moldes do que ocorrera na Europa, com a aliança inicial de dois países rivais, Alemanha e França. Funaro era o ministro certo no momento certo para viabilizar aquela aliança", diz Müller.

EMPRESÁRIOS, DIRIGENTES SINDICAIS E POLÍTICOS: FÓRUM PAULISTA DE DESENVOLVIMENTO

Em maio de 1987, Müller deixou o Ministério da Fazenda e voltou para a *Gazeta Mercantil*. Algum tempo depois, durante a campanha para governador do estado, foi

INTUIÇÃO, POLÍTICA E JORNALISMO

convidado a entrevistar, junto com outros jornalistas, o então candidato a governador Luiz Antônio Fleury Filho, no programa Roda Viva da TV Cultura. À saída, Müller encontrou-se com o deputado Aloysio Nunes Ferreira Filho, candidato a vice, e com o deputado estadual pelo PMDB, Arnaldo Jardim. "Falei da ideia de se criar um fórum de empresários e pessoas notáveis pelo seu mérito, escolhidos por aquilo em que fossem bons e sem ônus para o poder público."

Com a eleição de Fleury e Aloysio, o projeto virou realidade e o Fórum Paulista de Desenvolvimento juntou empresários, dirigentes sindicais e prefeitos. A ideia era que o órgão apoiasse as empresas na ressaca pós-moratória, em meio a uma economia fragilizada. Em 1991, quando começaram as atividades do Fórum, o presidente Fernando Collor de Mello adotou um pacote de medidas com várias restrições, entre elas o confisco da poupança. "O Fórum era uma tentativa de sair do atoleiro, da recessão", resume Müller, que era secretário executivo, em tempo parcial. O principal operador era Humberto Rodrigues, o presidente era o governador Fleury e o coordenador, Aloysio Nunes Ferreira Filho.

A aproximação com Fleury rendeu a Müller, algum tempo depois, o convite para chefiar a Secretaria de Ciência, Tecnologia e Desenvolvimento Econômico do Estado de São Paulo por pouco mais de um ano, até o final do governo, em 1994. "Lutei pela preservação da autonomia da Fundação de Amparo à Pesquisa do Estado de São Paulo – Fapesp –, aumentei o percentual de repasse de verbas para as universidades, coloquei as escolas técnicas estaduais sob o abrigo da Fundação Paula Souza e da Universidade Estadual Paulista – Unesp", lembra.

Depois de sua passagem pelo governo paulista, Müller editou a revista *A Cidade* junto com Edimilson Cardial, do então Grupo Segmento. Mais tarde, por meio de sua empresa, a Problem Solver Consultoria & Comunicações Ltda., passou a dar consultoria a federações de indústrias, período em que também criou a *newsletter* semanal *O Prefeito*, editada por ele e pela ex-mulher, Claudia Izique, autora da ideia. A publicação era dirigida aos administradores municipais do estado de São Paulo, vereadores, deputados estaduais e federais da bancada paulista, senadores, secretários e ministros de Estado, conselheiros e ministros dos Tribunais de Contas do Estado e da União, empresários e lideranças comunitárias.

A trajetória de Müller pelo jornalismo incluiu, na década de 1990, uma passagem pela TV Globo, onde foi diretor de jornalismo em São Paulo, e pela *Gazeta,* de Vitória, no Espírito Santo, que ele reformulou completamente, e deixou preparado um jornal popular que seria lançado para concorrer com *A Tribuna.*

De volta a São Paulo, Müller criou o "primeiro jornal em tempo real em quatro idiomas, 24 horas por dia." Era o *Panorama Brasil*, de economia e negócios, segmentado como a *Gazeta Mercantil.*

"Só que já era na internet e até com *webTV*, mesmo antes da difusão da banda larga. Acho que pude tentar aplicar o conceito da usina de informações

No salão nobre da Federação das Indústrias do Estado de São Paulo – Fiesp. Da esquerda para a direita: Carlos Eduardo Moreira Ferreira, presidente da entidade; Luiz Antonio Fleury Filho, então governador do estado; José Israel Vargas, ministro da Ciência e Tecnologia; Roberto Müller Filho, secretário estadual; José Mindlin, diretor da Fiesp; e o jornalista Dirceu Brisola.

Com o ministro da Ciência e Tecnologia, José Israel Vargas, na Fiesp, quando secretário estadual da Ciência, Tecnologia e Desenvolvimento Econômico.

Müller, secretário estadual da Ciência, Tecnologia e Desenvolvimento Econômico, acompanhando o ministro da Educação Superior de Cuba, Fernando Vecino Alegret. Na foto, aparece ao lado do ministro cubano e do presidente do Memorial da América Latina, Paulo de Tarso Santos.

Com o presidente paraguaio Juan Carlos Wasmosy, quando secretário da Ciência, Tecnologia e Desenvolvimento Econômico, em 1993.

INTUIÇÃO, POLÍTICA E JORNALISMO

especializadas na nova mídia que surgia e iria se mostrar avassaladora", diz Müller, novamente agindo por conta do que ele chama de intuição.

CAPÍTULO 6

Crise na *Gazeta Mercantil*. Uma volta conturbada

Certa vez, Matías Molina disse uma frase que ficou famosa internamente: "A *Gazeta Mercantil* é um jornal em busca de uma empresa." O jornal teve toda a credibilidade que um órgão de imprensa poderia desejar: prestígio, reconhecimento nacional e internacional, um quadro de profissionais competentíssimo. A gestão do negócio, porém, não acompanhou o sucesso editorial. Todos os jornalistas que passaram pela casa se recordam de um ou outro período de atraso de salário, nas décadas de 1980, 1990 e de 2000.

Ao longo de todos esses anos, a empresa obteve alguns aportes de capital de grandes grupos brasileiros e de fundos de pensão, o que postergou o momento de crise aguda da *Gazeta Mercantil*.

"A *Gazeta* faturava bem em janeiro, fevereiro, março e até 15 de abril, quando se encerra o período de publicação de balanços. O dinheiro dava até julho. Em agosto, começavam os problemas financeiros", recorda Paulo Totti.

"Müller inventava projetos editoriais muito benfeitos para fazer com que a *Gazeta* sobrevivesse. Eram cadernos especiais, relatórios e o *Balanço Anual*. Müller tinha grandes ideias de coisas sérias. Ele sempre colocava as coisas de forma profissional, com o objetivo noticioso e editorial. Considerava que isso tinha um custo e que era preciso arrumar dinheiro para sustentar os projetos", diz Totti.

Antes de completar dois anos no *Panorama Brasil*, empresa do ex-governador Orestes Quércia, Müller foi novamente chamado por Luiz Fernando Levy "para ser presidente de uma espécie de Conselho, que cuidaria de lançar novos produtos, supervisionar os projetos de televisão e, se possível, lançar a *Gazeta do Brasil*. Isso aconteceu em 2001.

A reconciliação com Luiz Fernando e com a *Gazeta* e mais uma informação que eu tinha sobre a minha saúde, que me preocupava muito, me fizeram decidir pela volta ao jornal", conta Müller.

"Eu tinha um diagnóstico de câncer no rim, que, felizmente, não se confirmou. Meu médico dizia que não era câncer, um outro afirmava que era. Fui falar com o Quércia sobre minha saída do *Panorama Brasil*. Ele foi da maior correção comigo."

Para reter Müller na empresa, o ex-governador de São Paulo ofereceu-lhe participação societária e tentou convencê-lo a ficar, lançando mão de vários argumentos. Finalmente, Müller disse que o real motivo de sua saída era a suspeita da doença. Quércia respondeu: "Vá cuidar da sua saúde. O que você vai fazer lá?"

INTUIÇÃO, POLÍTICA E JORNALISMO

Müller explicou que iria presidir um conselho no jornal e que, provavelmente, com menos estresse, poderia tentar deixar o cigarro, de acordo com conselhos médicos.

"Fui para o Conselho pensar num projeto chamado *Gazeta do Brasil*. Além disso, teria de olhar para o projeto da televisão e, se houvesse problema em alguns dos produtos do grupo, entrar para arrumar e depois sair. Meu horário de trabalho seria das 10 às 16 horas. Luiz Fernando me disse, quando me convidou, que o jornal ia bem. Eu acho que ele sabia que a situação era muito difícil, que ia haver uma crise. Fiquei no jornal a duras penas, de forma atrabiliária, desorganizada."

A *Gazeta Mercantil*, que nasceu como um modesto boletim mimeografado em abril de 1920, em São Paulo, e que se firmou entre meados dos anos de 1970 até final de 1990 como um dos mais importantes jornais brasileiros, mergulhava, em 2001, numa crise sem precedentes.

Fruto de dificuldade financeira e administrativa, queda na receita publicitária e projetos megalômanos de expansão, o jornal já não conseguia pagar salários a uma equipe enormemente inchada, com 21 escritórios regionais e cerca de setenta diretores.

"Peguei uma greve a caminho, deflagrada. Tentei evitá-la, consegui intermediar recursos, mas ela se deu assim mesmo", conta Müller.

A greve na *Gazeta Mercantil* aconteceu no dia 15 de outubro de 2001. Em seguida, a empresa demitiu cerca de quinhentos funcionários em duas levas. "Em julho daquele ano, pediu demissão o diretor de Redação, Mário

Na redação de A Gazeta, *de Vitória, ES.*

Roberto Müller e Fernando Henrique Cardoso com o protótipo do novo projeto editorial de A Gazeta, *de Vitória, ES.*

Na ocasião do recebimento do protótipo, Fernando Henrique Cardoso, então presidente da República, deu entrevista exclusiva ao jornal.

Relançamento do jornal A Gazeta, *de Vitória (ES), reformulado por Müller, maio de 1999.*

Alberto de Almeida, após recusar um convite para ser correspondente na Europa. Ele permaneceu como colaborador, escrevendo artigos para o jornal", conta Müller.

O editor-chefe, Delmo Moreira, e Cida Damasco, editora executiva, foram demitidos. Eles divergiram das condições como estavam sendo negociados os salários atrasados.

"Mário Alberto e Delmo concordaram com a chamada do Sindicato dos Jornalistas para discutir, na Redação, a questão salarial. A ideia de chamar o Sindicato não foi deles, mas eles concordaram. Eu era o quarto na hierarquia quando Müller e Molina (editor-chefe) assumiram e me convidaram para ser editor executivo", diz Totti.

"Continuei com a responsabilidade de editar a primeira página e de tocar o jornal. Na crise, acabei sendo a figura principal no conflito porque o Molina estava muito ocupado. Era terrível. Eu tinha que lutar para que o jornal saísse com qualidade e administrar todas as crises na Redação", comenta.

"O ano de 2002 foi o pior. Müller entrou no final de 2001. Eu me lembro de poucos detalhes desse período. Foi tão duro, assim como o período da minha prisão e tortura pela ditadura, em Porto Alegre, que acabei apagando os fatos da minha memória."

De um dia em particular Totti se recorda como se fosse hoje: "Foi quando um diagramador forte, de quase dois metros de altura, que mais parecia um armário, entrou na minha sala, fechou a porta e começou a chorar. Era mais ou menos meio-dia. 'Todos os dias eu dou dinheiro para o

O jornal segue orientação de mudar aos poucos, edição de 30 de novembro de 1999.

meu filho comprar um suquinho na escola, e hoje ele me pediu e eu não tinha nada. Não aguento mais isso, vou me matar', desabafou o diagramador. Era um homem grande, chorando de correr lágrimas, uma coisa terrível. Poderia ser o *lead*[23] de uma matéria sobre a situação da *Gazeta* naquela época."

Num quadro totalmente diverso daquele de décadas passadas, em que a preocupação primordial dos jornalistas era produzir notícias e informações de qualidade, que primavam pelo rigor e pela precisão, a *Gazeta Mercantil* daqueles dias, em 2002 e 2003, era um jornal onde o que mais se comentava era a falta de salários e de condições humanas e materiais de trabalho.

Müller relata: "Quando o Mário saiu, Luiz Fernando me disse: 'Você fez, você conserta. Chame alguém para tocar o jornal com você'. Chamei o Molina, que permanecia na empresa, mas afastado da Redação. Fizemos, então, a reestruturação. Pessoalmente, fiz as demissões dos jornalistas, sou responsável por todas, algumas completamente equivocadas, porque a sucursal de Belo Horizonte, por exemplo, não me dava a lista. Eu precisava de uma lista para cortar os que tinham salários maiores. Precisava-se chegar a uma espécie de *superavit* primário. Eu tinha de deixar a *Gazeta* viável. Levo a tristeza de ter feito as demissões, que resultaram em nada. Se elas tivessem resultado na salvação do jornal e no

---

23. Segundo o dicionário *Houaiss*, "linha ou parágrafo que apresenta os principais tópicos da matéria desenvolvida no texto jornalístico."

pagamento dos direitos trabalhistas, ainda que parceladamente, eu não levaria para a sepultura essa mágoa. Levo-a porque não deu certo. Se tivesse dado certo, teríamos salvo a empresa e o jornal. Eu não só acreditava que poderíamos salvar o jornal como tinha documentos nesse sentido. O Sérgio Thompson-Flores, contratado para fazer a reestruturação, é muito competente, ele fez as análises, nós reduzimos os custos, conseguimos o apoio dos anunciantes e do governo. Começávamos a trabalhar logo cedo, nos cafés da manhã. Passávamos o dia conversando com investidores, tínhamos almoços de negócio, visitávamos banqueiros e o governo. Falamos com todos, inclusive com o presidente Fernando Henrique. Todos apoiaram o plano de reestruturação do jornal. O que me magoa é ter feito as demissões que não resultaram em solução para a crise. Não que elas não fossem necessárias. Havia gente demais. Mais de quatrocentos pessoas nas Redações, incluindo o jornal nacional, os 21 regionais, mais equipe de televisão e pessoal do *Invest-News*. Os salários eram altos. Oito anos antes, quando eu saí, havia 120 jornalistas. A piada era que o expediente da *Gazeta* deveria ser inscrito no *Guiness Book of Records.* O critério que eu adotei para as demissões era cortar jornalistas com os maiores salários, exceto os que eu sabia que eram imprescindíveis, e manter aqueles que tiveram algum problema comigo no passado, para não haver dúvida de que o ato não era pessoal. A condução jurídica disso não foi feita por mim, não foi do meu agrado nem da minha concordância. E foi feita à minha revelia."

A reestruturação do jornal foi executada pela WorldInvest, presidida pelo empresário Sérgio Thompson-Flores, que, com o afastamento temporário e voluntário de Levy, assumiu o cargo de presidente da diretoria. A *Gazeta* passou a ser comandada por um executivo profissional.

"Fizemos uma reestruturação selvagem", admite Müller. "O jornal ia quebrar, faltava luz, cortaram a internet. Deixamos a *Gazeta* do tamanho necessário para um resultado positivo. Mudamos o resultado operacional. Era uma coisa mais ou menos assim: de menos R$ 43 milhões para mais R$ 45 milhões, na linha do Ebtida (ganho líquido antes de impostos, juros e amortizações). Todos aceitaram a redução do salário pela metade, para depois receberem o restante. Houve proposta de compra de 30% pelo grupo Recoletos, então braço espanhol do *Financial Times*, havia fundos de investimentos e grupos empresariais interessados em investir no jornal. Havia os *powerpoints* feitos pela WorldInvest mostrando que o jornal era viável. Fomos ao Olavo Setúbal, do Itaú, ao Lázaro Brandão, do Bradesco... todos se interessaram pelo projeto. Um dia, fizemos uma reunião com os presidentes de agências de publicidade.

Foi quando sequestraram o Washington Olivetto. Consta que ele estava indo para a reunião na *Gazeta*, quando foi sequestrado. Nessa reunião dissemos que queríamos salvar o jornal. Os preços caíram. Vocês foram espremidos pelos clientes. A elite brasileira, como dizia o doutor Herbert, está serrando o galho em que está montada.

Vamos falar com os anunciantes para eles pararem de espremer as agências, porque quando eles precisarem de

INTUIÇÃO, POLÍTICA E JORNALISMO

uma imprensa livre, eles não a terão. Terão uma imprensa quebrada, de joelhos. Eles entenderam nossa preocupação, mas não deu tempo de fazer mais nada. Foi muita confusão o tempo todo. Sérgio Thompson-Flores e Luiz Fernando Levy se desentenderam e o processo de reestruturação ficou paralisado, o que fez todo o esforço ir por água abaixo. Resultado: morremos na praia."

À época da crise, o esteio na Redação eram Matías Molina e Paulo Totti. Com o apoio de ambos, Müller, ao sair do jornal, propôs a criação da Associação de Funcionários, Prestadores de Serviços e Credores das Empresas do Grupo *Gazeta Mercantil* – Asfunprecre –, que conseguiu o arresto da marca como garantia do pagamento de salários atrasados.

"A ideia da Associação (fundada em outubro de 2002) foi do meu filho advogado, Carlo Frederico. Fiz o maior esforço para fundá-la, junto com Molina e Totti. A Associação tinha sua diretoria eleita e nós três éramos chamados o 'núcleo duro' da entidade, uma espécie de conselho, muito ativo e presente. Enquanto pude, ajudei, os resultados estão aí, apesar da lentidão da Justiça, as sentenças trabalhistas estão saindo."

"Müller deu todo apoio à associação", confirma Paulo Totti, que deixou o jornal em janeiro de 2003. Quanto ao episódio da demissão em massa, diz que Müller "foi iludido. Disseram que com a demissão daquele pessoal a *Gazeta* resolveria o seu problema, passaria a pagar em dia e seria estabelecida uma situação que permitiria ao jornal continuar existindo, sem problemas, fiel ao seu passado e aos seus princípios. Não houve nada disso. Todas as coisas que aconteceram na *Gazeta*, à época, Müller teve de assumir, para o bem e para o mal." Infelizmente, o jornal perdeu sua identidade no alvorecer do século XXI. O projeto original do jornal, tal como concebido por Müller, não teve como resistir a vários anos de crise.

Fora do jornal, Müller foi convidado a assessorar Carlos Lessa no BNDES, mas morar no Rio não lhe convinha. "Contei ao Edimilson Cardial, presidente da Segmento, que estava entrando com um processo contra a *Gazeta Mercantil* (numa ação cível, Müller obteve o penhor da marca, e numa ação trabalhista, a Associação obteve o arresto da mesma) e que tinha recebido o convite do Lessa. Edimilson estava fechando contrato para editar a revista da Confederação Nacional da Indústria – CNI – e ele me convidou a entrar para o grupo. Criamos uma empresa à parte, que é a Segmento RM, e eu fiquei com a edição da *Revista da Indústria*, da CNI."

No final de 2005, Müller passou a editar a versão brasileira da *Harvard Business Review,* que é considerada a mais importante publicação de administração de negócios em todo o mundo, com 230 mil exemplares em 12 edições, em diversos países, por ironia, a mesma revista cujos artigos ele reproduzia como diretor da revista *Expansão*, e de cujos ensinamentos aprendera a marcante lição de Levitt. Em 2004, lançou a revista *Razão Contábil*, dirigida aos executivos e empresários do mercado de capitais, profissionais de relações com investidores, auditores, consultores e contadores. Ambas com versões impressas e na internet, inclusive com *webTV*.

Roberto Müller em seu escritório, em 2009.

CAPÍTULO 7

O futuro da imprensa

"O mundo está muito mais informado e muito mais desinformado, simultaneamente. Fui acostumado a ver as coisas com uma certa lógica, por isso fico um pouco perturbado."
(Roberto Müller)

Essa reflexão, feita por Müller numa tarde de janeiro de 2009, em São Paulo, não deixa dúvida: para quem construiu um jornal que se assentava sobre uma determinada lógica, explicada por ele na resposta abaixo sobre o papel cumprido pela *Gazeta Mercantil*, os tempos atuais na imprensa são perturbadores, ainda mais com os efeitos da crise financeira global, que tem golpeado a operação de grandes jornais nos Estados Unidos e tornado ainda mais nebuloso o panorama futuro da imprensa mundial.

"O que é um enigma, mas algo inexorável, eu não sei explicar a razão, é que no mundo inteiro, ao contrário de qualificação e enobrecimento da informação, que se supõria com o avanço tecnológico, houve muita irresponsabilidade e leviandade. Em vez de a internet ser influenciada pela mídia impressa, que era mais responsável, ela influenciou os jornais e as revistas, que viraram uma coisa 'internetizada', portanto, superficiais e muitas vezes levianos. Isso é grave, porque a mídia faz a opinião da sociedade", lamenta Müller.

Ele olha para trás, revê a longa estrada percorrida e se recorda, com satisfação, do papel que a *Gazeta Mercantil* cumpriu na sociedade brasileira, estando sempre à frente do seu tempo e dentro de uma lógica que levava ao enobrecimento da informação e não ao seu empobrecimento.

"A *Gazeta Mercantil* cumpriu o seu papel mais do que poderia supor. Ela fez informação qualificada e crível, teve o seu papel na TV, na informação segmentada, ajudou fundamentalmente na redemocratização do país, na construção de um capitalismo brasileiro, formou uma escola de ética em jornalismo, em que é imprescindível ouvir as partes, buscar a verdade e não se esquecer de que são os jornalistas que conduzem a água, eles não são a água que passa por dentro do cano. Isso nos ajudou a resistir aos palpites e ao que eu chamava de contrabando de ideias e interesses.

A *Gazeta* foi modelo na medida em que invadiu outros produtos. Hoje, há jornalistas que saíram da *Gazeta Mercantil* na própria *Gazeta*, no *Valor*, no DCI, na revista *Exame*."

Que futuro Müller vê para a imprensa?

"Vivemos um momento em que ninguém sabe responder o que vai acontecer", diz. "Ninguém sabe responder o que vai acontecer com a internet, se ela vai pagar a conta ou não, qual será o modelo de negócios das empresas de comunicação. Acho que os jornais gerais estão em situação mais difícil ainda. Os jornais e as revistas segmentados, se tiverem boa conexão e interatividade com a internet, se souberem fazer isso, conciliando velocidade de um veículo com o equilíbrio e a densidade de outro, poderão manter a mídia impressa mais reflexiva. O que de certa forma me conforta um pouco é que não estou isolado nessa dúvida. Ninguém, até hoje, sabe como será o futuro da mídia. Desconfio que as pessoas estarão dispostas a pagar por informação de qualidade e confiável, se os veículos souberem fazer essa conciliação.

Acho difícil que os jornais gerais, se permanecerem praticando o modelo atual, tenham espaço a médio e longo prazos. Eu, por exemplo, quando quero ler minhas notícias e colunas preferidas dos jornais, faço-o por meio da internet. Quando eu quero, mando imprimir. A tecnologia já está resolvendo a questão da qualidade da resolução na tela dos computadores. Já surgiram jornais e revistas digitais, que você pode ler na tela como se fosse na versão impressa. Você pode escolher o jornal ou revista que quiser e ainda interagir com o veículo.

Ninguém sabe o que vai acontecer e essa terrível crise financeira e econômica, agora, embaralha um pouco mais o raciocínio. Então, eu não sei qual é a saída. Provavelmente, não vou estar aqui para ver, é uma pena... É um caso raro em que os avanços da ciência e da tecnologia empobreceram, ao invés de enriquecerem, a qualidade de uma área tão nobre como é a formação da opinião das pessoas.

Eu lido o dia todo com internet, com tudo o que é moderno para acompanhar o meu mundo. Mas é triste constatar que o jornalismo empobreceu. Não sei se foi apenas porque a educação piorou ou, sobretudo, se porque a velocidade, a competição e a tecnologia juntas acabaram forçando a uma certa superficialidade, a uma vulgaridade... Isso sem falar na inquietante proliferação dos *blogs*, que democratizaram ou, talvez, tenham também vulgarizado a prática de informar e opinar. Hoje, é difícil saber o que é verdadeiramente notícia, bem apurada, e o que é opinião do jornalista, do proprietário do veículo ou do blogueiro. Acho que a deterioração da mídia decorre de uma mistura perversa disso tudo.

Não sei que mundo vem aí, repito, desolado. Desconfio que haverá um longo tempo em que as ideias liberais permanecerão hibernadas. E com elas todo este pensamento de que o mercado resolve tudo. Já existe um visível retorno do papel do Estado em economias de mercado tidas como perfeitas, defensoras do Estado mínimo. Acho que o capitalismo encontrará o seu modo de retomar a economia de mercado, mas não como antes. Como ficará daqui por diante, não sei.

Agora, mais recentemente, com o advento do Kindle DX, pela Amazon, creio que está muito próxima a solução do problema da definição dos textos nas telas dos computadores ou dos aparelhos de TV, seja qual for o meio de exibição que prevalecerá na convergência de mídias.

INTUIÇÃO, POLÍTICA E JORNALISMO

Então, pode ser que a qualidade da informação, sobretudo a sua credibilidade, poderá viabilizar modelos de negócios novamente rentáveis para as empresas de comunicação. E as pessoas estarão dispostas a pagar por informações de qualidade e confiáveis. Isso sempre fará a diferença, qualquer que seja o futuro da mídia impressa. Suponho, ou intuo, que as diversas mídias encontrarão uma forma de integrar-se, de serem complementares, interativas, reflexivas e velozes, cada uma fazendo a sua parte nesse novo mundo que se descortina. O lixo que hoje é produzido por grande parte dos *blogs* e *sites*, aqueles sem nenhum compromisso com credibilidade e isenção, será preterido pelo mercado. Sempre que houver informação especializada, de boa qualidade e confiável, eu creio, haverá um mercado disposto a pagar por isso.

É minha intuição para o futuro. Talvez, guardadas as devidas e imensas proporções, vá ser parecido com o que ocorreu quando a TV surgiu e não destruiu o rádio, ou quando a TV por assinatura surgiu e se consolidou, sem destruir a TV aberta. Quando, baseado no magnífico artigo 'Miopia em Marketing', de Levitt, eu intuí o projeto da usina de informações (multimídia?) para a *Gazeta Mercantil*, estava em vias de ocorrer um fenômeno parecido. E, não obstante todas as dificuldades vividas ao longo de tantos anos, parece que está em curso uma nova e salutar acomodação das mídias, cada uma com sua especialidade. Oxalá!"

CRONOLOGIA

12/10/1941 — Nasce em Ribeirão Preto

1959 — Estuda química industrial na Escola de Química de Ribeirão Preto

1961 — Repórter de Política da Rádio PRA7 de Ribeirão Preto

1962 — Ingressa como estagiário na Companhia Siderúrgica Paulista - Cosipa -, em Cubatão

1964 — É preso no navio *Raul Soares*, em Santos

1964 — Copidesque da editoria de Internacional na *Folha de S.Paulo*

1967 — Assessor especial na Secretaria de Planejamento do Estado de São Paulo na gestão de Dilson Funaro

1968 — Repórter de Economia da editoria de Brasil da revista *Veja* e repórter especial

1968-1969 — Repórter da revista *Realidade*

1970 — Repórter especial na revista *Visão*

1971 — Assessor especial na Secretaria Estadual da Fazenda na gestão de Dilson Funaro

1972 — Diretor de Redação da revista *Expansão*

1974 — Editor chefe da *Gazeta Mercantil*

MARIA HELENA TACHINARDI

1975 — Processo de modernização da *Gazeta Mercantil*

1977 — Lançado o Fórum *Gazeta Mercantil* constituído de empresários eleitos em votação secreta, o que os transformava em líderes

1978 — Fórum lança o "Documento dos Oito"

1979 — *Gazeta Mercantil* é reconhecida pela revista *Fortune* como um dos sete principais jornais de economia do mundo

1981 — Vai ao ar o primeiro programa da série Crítica & Autocrítica da *Gazeta Mercantil*

1985 — Chefe de gabinete do ministro da Fazenda, Dilson Funaro

1987 — Retorna à *Gazeta Mercantil* para assumir a vice-presidência do jornal, que recebe o prêmio *Maria Moors Cabot*

1991 — Secretário executivo do Fórum de Desenvolvimento Paulista

1993-1994 — Secretário de Ciência, Tecnologia e Desenvolvimento Econômico do Estado de São Paulo

1995-1996 — Diretor de jornalismo da TV Globo em São Paulo

1999 — Diretor de *A Gazeta*, de Vitória

2000-2001 — Criou o *Panorama Brasil*, de Economia e Negócios, primeiro jornal em tempo real em quatro idiomas, segmentado como a *Gazeta Mercantil*

2001 — Retorna à *Gazeta Mercantil* como Diretor de Redação em meio à pior crise enfrentada pelo jornal

2002 — É fundada a Associação de Funcionários, Prestadores de Serviços e Credores das Empresas do Grupo *Gazeta Mercantil*, que conseguiu o arresto da marca como garantia do pagamento de salários atrasados

2003 — Deixa a *Gazeta Mercantil*

2003 — Entra para o grupo Segmento de Edimilson Cardial e cria uma empresa à parte, a Segmento RM

2004 — Lança a revista *Razão Contábil*

2005 — Passa a editar a versão brasileira da *Harvard Business Review*

CRÉDITOS DAS IMAGENS

Todas as imagens pertencem ao acervo de Roberto Müller Filho, salvo as listadas abaixo:

ACERVO DE MARIA HELENA TACHINARDI:

ORELHA - Maria Helena Tachinardi, fotografia de Lydia Boabaid Rêgo

ACERVO LAIRE GIRAUD:

P. 16 - Navio *Raul Soares*

ACERVO MARCELO GATO:

P. 31 - Nos tempos de radialista, transmitindo uma festa de formatura com Marcelo Gato

ACERVO LUIZ FERNANDO LEVY:

P. 80 - Bico de pena Herbert Victor Levy, que adquiriu o Boletim Diário Gazeta Mercantil em 1934, por Cahu

P. 80 - Bico de pena Luiz Fernando F. Levy, que assumiu a função de principal executivo ainda na década de 1960, por Cahu

P. 92 - Circula o primeiro número da *Gazeta Mercantil*, mimeografado e confidencial, em 3 de abril de 1920

P. 93 - O jornal produzido em tipografia e impresso em máquina plana, em 1º de dezembro de 1950

P. 95 - O jornal planejado por Zélio Alves Pinto é modular. Época de Hideo Onaga como editor-chefe, em 1973

P. 96 - O jornal então instalado na rua Major Quedinho impresso, de cara nova, no *Estadão*, no final de 1975

P. 97 - A *Gazeta Mercantil*, impressa na Folha da Manhã S.A., está em pleno processo de modernização, em 1975

P. 98 - *Gazeta Mercantil* mudada, mas ainda mantém o "Resumo" na primeira página, em 1990

P. 119 - Diploma do prêmio *Maria Moors Cabot*, a maior láurea do jornalismo nas Américas, recebida em 1987

P. 122 - Caricatura de Paulo Lyra, presidente do Banco Central e a festa dos operadores na época da "ciranda financeira", por Chico Caruso

P. 123 - Ministro Reis Velloso ouve a confissão de um empresário do setor de autopeças, por Laerte

P. 124 - A crise do petróleo em 1979, por Chico Caruso

P. 152 - Presidente José Sarney dá o breque da moratória. A seu lado, o presidente da Volkswagen, Wolfgang Sauer, por Laerte

P. 179 - O jornal segue orientação de mudar aos poucos, edição de 30 de novembro de 1999

REPRODUÇÕES DE CLEO VELLEDA:

P. 80 - Bico de pena Roberto Müller Filho, por Cahu

P. 148 - Charge de 13 de junho de 1986 que alude à probidade da equipe de Funaro. O ministro brincava dizendo que nenhum funcionário se havia sequer trocado o sofá da sala, por Cahu

FOTOGRAFIA DE CLEO VELLEDA:

CAPA E P. 2 E 185 – Roberto Müller em seu escritório

ÍNDICE ONOMÁSTICO

Abramo, Cláudio, 8, 12, 41, 47, 48, 49, 50, 51, 52, 65

Abramo, Radhá, 50

Abreu, João Batista de, 151

Abreu, Hugo de Andrade, general, 90

Aguiar, Amador, 88, 99, 113

Albuquerque Lima, Afonso Augusto, general, 59

Alegret, Fernando Vecino, 167

Alencar, Álvaro, 144, 146, 147, 150, 157

Alfonsín, Raúl Ricardo, 157, 159, 160

Almeida, Mário Alberto, 178, 180

Álvares, Caetano, 17

Alves, Rodrigues, coronel, 19

Alves Pinto, Zélio, 95

Amaral, Sérgio, 145

Antunes, Augusto Trajano de Azevedo, 99, 113

Aranha Corrêa da Costa, Zazi, 145

Araújo, Henrique Alves, 85, 86, 111

Araújo, José Tavares de, 157

Arida, Pérsio, 153

Arouca, Sérgio da Silva, 26, 41

Arruda Sampaio, Plínio de, 26

Assis, Joaquim Maria Machado de, 23

Baker, James Addison, 144, 145

Balzac, Honoré de, 23

Basile, Sidnei, 69, 78, 90, 130, 144, 160

Bardella, Cláudio, 39, 111

Barros, Adhemar Pereira de, 43, 57

Bartô (Santos, Bartolomeu), 59

Batista Júnior, Paulo Nogueira, 147, 150

Belluzzo, Luiz Gonzaga, 39, 57, 99, 111, 141, 144, 147, 148, 149, 150, 157

Bentes, Patrício, 130

Beuve-Méry, Hubert, 87

Bittar, Omar, 64

Bittencourt, Ângela, 84

Bittencourt, Getúlio, 84, 149, 151

Bracher, Fernão Carlos Botelho, 144, 145, 147, 149, 153

Brandão, Lázaro, 182

Brandão, Marco Antonio Diniz, 155

Brasil, Clarissa, 60

Brisola, Dirceu, 165

Brizola, Leonel de Moura, 32, 132

Bruno, Carlos, 160

Bueno, José da Silva, 30, 32

Bueno, seu (Bueno, José da Silva), 30,32

Cahú, Conceição, 80, 148

Camargo, Tom, 78, 130

Campos, Roberto, 133

Campos, Ronaldo, 78

Capanema Filho, Gustavo, 23

Cardial, Edimilson, 164, 184

Cardoso, Fernando Henrique, 175, 176, 181

Cardoso de Mello, João Manuel, 39, 57, 99, 112, 133, 141, 147, 148, 149

Carta, Demetrio "Mino" Giuliano Gianni, 52

Carvalho Pinto, Carlos Alberto Alves de, 52

Carvalho, Glauco A. Melo de, 78, 84

Castelo Branco, Humberto de Alencar, marechal, 32

Cavalcanti, Coutinho, 59

Caruso, Chico, 121,122, 123

Chateaubriand, Francisco de Assis, 32

Clemente, Walter, 35

Collor de Mello, Fernando, 163

Conceição, Claudio Roberto Gomes, 99

Corrêa da Costa, Sérgio, 144, 145, 146

Costa e Silva, Artur da, marechal, 59

Coutinho, Laerte, 121, 123, 152

Couto e Silva, Golbery, general, 82

Crestana, Francisco, 60

Cunha, Sebastião Advíncula da, 52

Cupertino, Fausto, 78, 90, 115

Damasco, Cida, 178

De Larosière, Jacques, 144, 145, 146

Dilsinho (Funaro, Dílson Suplicy), 142

Diniz, Abílio dos Santos, 144

Dornelles, Francisco Oswaldo Neves, 141

Dostoiévski, Fiodor, 23

Fabris, Valério, 78

Fagundes Neto, Severo, 111

Farah, Said, 53

Faro, José Salvador, 53

Fendt, Roberto, 157

Fernandes Júnior, Ottoni, 88

Ferreira Filho, Aloysio Nunes, 163

Ferreira, Carlos Eduardo Moreira, 165

INTUIÇÃO, POLÍTICA E JORNALISMO

Ferreira, Rogê, 17

Filgueiras, Otto, 111

Fleury Filho, Luiz Antônio, 163, 165

Freire, Roberto, 29

Freitas, Carlos Eduardo de, 157

Frias de Oliveira, Octavio, 51, 65

Frota, Sylvio, general, 112, 116

Funaro, Dílson Domingos, 36, 54,
57, 60, 117, 126, 139, 141, 142, 144,
145, 146, 147, 148, 149, 150, 151,
153, 155, 156, 157, 159, 160, 161,
193, 194

Funaro, Dílson Suplicy, 142

Galati, Olga, 41

Galati, Vitor, 18, 41, 42

Gama Filho, Hélio, 130

Garcia Filho, Manoel, 44

Gaspari, Elio, 57, 58

Gato, Marcelo, 29, 30, 31, 35, 36, 37,
38, 40, 41, 42, 44, 45

Geisel, Ernesto, general, 53, 82, 111,
113

Geisel, Orlando, 58

Gerdau Johannpeter, Jorge, 39, 86,
111

Gomes, Severo Fagundes, 39, 133

Gonçalves, Leônidas Pires, general,
147

Goulart, João Belchior Marques, 32,
43, 56, 132

Gouveia Júnior, Antonio de, 8, 36,
38, 40, 67, 72, 78, 81, 83, 85, 91,
116, 126, 127, 139, 140

Grau, Eros Roberto, 57

Guimarães, Ulysses Silveira, 132,
133, 141, 142

Guzzo, José Roberto, 143

Herzog, Vladimir, 111

Izique, Claudia, 35, 164

Izique Oliveira, Eduardo, 35

Jango (Goulart, João Belchior
Marques), 32, 43, 56, 132

Jardim, Arnaldo, 163

Julião, Luci Musa, 23, 24

Kennedy, Edward Moore Ted, 144

Kleber, Klaus, 78, 94, 99

Kubitschek de Oliveira, Juscelino,
56, 140

Kugelmas, Eduardo, 57

Lacerda, Carlos Frederico Werneck, 56

Lachini, Claudio, 77, 78, 89, 90

Laerte (Coutinho, Laerte), 121, 123, 152

Lara Rezende, André, 153

Leitão, Miriam, 90

Lênin, Vladimir Ilitch, 18

Leônidas, general (Gonçalves,
Leônidas Pires, general), 147

Lepera, Luciano Patrice Garcia, 12,
17, 18, 26, 29, 32, 34, 41, 42

Lessa, Carlos, 184

Leuenroth, Edgar, 25

Levitt, Theodore, 60, 61, 67, 77, 184, 191

Levy, Herbert Victor, 12, 14, 80, 82, 85, 86, 88, 89, 90, 113, 117, 121, 182

Levy, Luiz Carlos, 86

Levy, Luiz Fernando F., 14, 64, 65, 79, 80, 85, 86, 88, 89, 90, 91, 111, 117, 118, 142, 143, 144, 172, 173, 180, 183

Lísca ver Levy, Luiz Carlos

Lyra, Paulo de Tarso, 122

Lobato, Monteiro, 23

Lobato, Pedro, 78

Lobo, Aristides da Silveira, 25

Lula da Silva, Luiz Inácio, 94

Magalhães Pinto, José, 113

Mann, Thomas, 23

Martins, Luis Arrobas, 57

Marx, Karl, 12

Matos, Jaime, 78

Medeiros, Octávio, general, 90

Médici, Emílio Garrastazu, general, 52, 58

Menéndez, Mario Benjamin, general, 74

Merquior, José Guilherme, 133

Mindlin, José Ephim, 39, 111, 130, 165

Moisés, José Álvaro, 56

Molina, Matías M., 14, 75, 84, 87, 121, 127, 171, 178, 180, 183

Monteiro, José, 21, 23

Moraes, Antônio Ermírio de, 39, 86, 111, 130

Moraes, Ricardo, 94

Moreira, Delmo, 178

Müller, Aldo, 40

Müller, Antonieta Monteiro, 22, 23, 25

Müller, Carlo Frederico, 35, 183

Müller, Franz, 20, 23, 25

Müller, Ilana, 35

Müller, Karen Antonieta, 35

Müller, Nelson, 25, 40

Müller, Roberto, 22

Müller, Tânia, 35, 143

Murad, Jorge, 147

Natel, Laudo, 57

Neves, Tancredo de Almeida, 133, 141

Nixon, Richard Milhous, 76, 77

Olivetto, Washington, 182

Onaga, Hideo, 64, 67, 95

Pereira Duarte Silva, Astrojildo, 25

Pimenta Neves, Antonio, 53

Pinheiro Guimarães, Samuel, 155, 157, 159, 160, 161, 162

Pinto, Celso, 78

Popell, Harvey, 60

Portella, Petrônio, 90

Quadros, Jânio da Silva, 32, 43, 132

Quércia, Orestes, 172

Reis Velloso, João Paulo dos, 123

Ribeiro, Darcy, 132

Ribeiro, José Hamilton, 41

Rischbieter, Karlos Heinz, 115

Ristum, Jirges Dieb, 41

Rodrigues, Humberto, 163

Romero, Jorge, 160

Roveri, Wilson, 34

Safatle, Cláudia, 156

Salomão, Christine, 35

Santos, Bartolomeu, 59

Santos, Paulo de Tarso, 167

Saraiva Guerreiro, Ramiro Elísio, 89, 90

Sardenberg, Carlos Alberto, 142

Sardinha, Pero Fernandes, dom, 133

Sarney de Araújo Costa, José, 54, 141, 147, 149, 150, 151, 152, 154, 156, 157, 159, 160, 161

Sauer, Wolfgang, 152

Sayad, João, 142

Serra, José, 142

Setúbal Filho, Laerte, 39, 111

Setúbal, Olavo Egydio de Sousa Aranha, 85, 86, 113, 141, 182

Severo, José Antonio, 112

Simonsen, Mario Henrique, 130

Sodré, Roberto Costa de Abreu, 54, 57, 60, 141

Sotero, Paulo, 117, 118

Sued, Ibrahim, 112

Tavares de Lima, Chopin, 56

Thompson-Flores, Sérgio, 181, 182, 183

Totti, Paulo, 73, 74, 75, 78, 79, 81, 121, 125, 126, 127, 171, 172, 178, 183

Trotsky, Leon, 25

Vargas, Getúlio Dornelles, 59

Vargas, José Israel, 165, 166

Vasconcellos, Frederico, 78

Vaz, Zeferino, 57

Vellinho, Paulo, 39, 111

Vianna, Marcos Pereira, 114

Vieira, Cícero, 41

Villares, Paulo, 39, 111

Volcker, Paul Adolph, 144, 145, 146, 150

Wasmosy, Juan Carlos, 168

Witte Fibe, Lillian, 134, 135, 136, 137, 143, 155

© Maria Helena Tachinardi, 2010

Dados Internacionais de Catalogação na Publicação
(Biblioteca da Imprensa Oficial)

Tachinardi, Maria Helena
    Roberto Müller Filho: intuição, política e jornalismo/ Maria Helena
Tachinardi. – [São Paulo] : Imprensa Oficial do Estado de São Paulo,
[2010].
    204p.:il. – (Coleção imprensa em pauta)

    ISBN 978-85-7060-773-7.

    1. Jornalismo – São Paulo (Estado) – História   2. Jornalismo econô-
mico   3. Jornalistas – Brasil – Biografia   4. Gazeta Mercantil (Jornal) – São
Paulo – História   5. Müller Filho, Roberto.   1. Título.

CDD 079.816 1

Índices para catálogo sistemático:
1. Brasil: São Paulo: Jornais e jornalismo: História   079.816 1
2. Brasil: Jornalistas: Biografia   920.5

Proibida a reprodução total ou parcial sem a autorização
prévia dos editores

Direitos reservados e protegidos
(lei n. 9.610, de 19.02.1998)

Foi feito o depósito legal na Biblioteca Nacional
(lei n. 10.994, de 14.12.2004)

Impresso no Brasil 2010

Imprensa Oficial do Estado de São Paulo
Rua da Mooca 1921 Mooca
03103-902 São Paulo SP Brasil
SAC 0800 0123 401
sac@imprensaoficial.com.br
livros@imprensaoficial.com.br
www.imprensaoficial.com.br

imprensaoficial

IMPRENSA OFICIAL DO ESTADO DE SÃO PAULO

DIRETOR-PRESIDENTE
Hubert Alquéres

DIRETOR INDUSTRIAL
Teiji Tomioka

DIRETOR FINANCEIRO
Clodoaldo Pelissioni

DIRETORA DE GESTÃO DE NEGÓCIOS
Lucia Maria Dal Medico

GERENTE DE PRODUTOS EDITORIAIS E INSTITUCIONAIS
Vera Lúcia Wey

COORDENAÇÃO EDITORIAL
Cecília Scharlach

ASSISTÊNCIA EDITORIAL
Bia Lopes

PREPARAÇÃO DE TEXTOS
Fernanda Guarnieri

REVISÃO
Lindsay Gois

PROJETO GRÁFICO E DIAGRAMAÇÃO
Negrito Produção Editorial

TRATAMENTO DE IMAGENS
Anderson Lima

CTP, IMPRESSÃO E ACABAMENTO
Imprensa Oficial do Estado de São Paulo

FORMATO
13x19 cm

TIPOLOGIA
Utopia Std

PAPEL MIOLO
Offset 90 g/m²

PAPEL CAPA
Cartão Triplex 250 g/m²

NÚMERO DE PÁGINAS
204

TIRAGEM
1.000

GOVERNO DO ESTADO
DE SÃO PAULO

GOVERNADOR
José Serra